Frank Quilitzsch
Noch mehr Dinge,
die wir vermissen

Frank Quilitzsch, geb. 1957 in Halle/ Saale, ist Kulturredakteur bei der Thüringischen Landeszeitung (TLZ) in Weimar und Autor. Studierte in Jena Germanistik, 1985 Promotion. 1987 bis 1990 Lektor in Syrien und China. Seit 1997 Reisen nach Vietnam für zwei Reportagebücher über eine durch den Krieg geteilte Familie. Jüngste Veröffentlichungen: »Begegnung mit einer Prinzessin« (2006); »Ich Faust – Thomas Thieme« (Gespräche, 2008), »Hanoi, meine Liebe« (2010), »Dinge, die wir vermissen werden« (Hörbuch mit Iris Berben und Thomas Thieme, 2011). www.frank-quilitzsch.de

Ioan Cozacu (Nel), geb. 1953 in Cluj (Rumänien), ist freischaffender Cartoonist und Buchillustrator in Erfurt. Seit 1992 Karikaturist bei der TLZ. Arbeitet auch für WAZ, taz, Eulenspiegel, Focus, Cicero und andere Zeitungen und Magazine. Zahlreiche Bücher und Kataloge. 2011 Deutscher Karikaturenpreis. www.nelcartoons.de

Frank Quilitzsch

Noch mehr Dinge, die wir vermissen

Mit Vignetten von Nel

1. Auflage November 2013

Satz und Gestaltung:
Klartext Medienwerkstatt GmbH, Essen

Umschlaggestaltung:
Volker Pecher, Essen
(nach einem Entwurf von Nel)

Lektorat:
Sibylle Brakelmann, Hagen

Umschlagabbildung:
Nel

Druck und Bindung:
Majuskel Medienproduktion GmbH, Wetzlar

ISBN 978-3-8375-0929-8
Alle Rechte vorbehalten
© Klartext Verlag, Essen 2013

www.klartext-verlag.de

Inhalt

.

Nicht ohne Hans

»Nimmst du bitte meinen Mantel?«, sagt meine Frau und verschwindet mit ihrer Handtasche auf der Toilette. Ich stehe schwitzend an der Garderobe, mit Schal und zwei Mänteln, den eigenen noch um die Schultern, den Damenmantel über dem Arm, und leere meine Taschen. Wohin mit den Toilettenartikeln des Mannes? Personalausweis, Führerschein, Autoschlüssel, Wohnungsschlüssel, Taschentücher, Pfefferminzbonbons, Portemonnaie, Notizbuch, Adressbuch, Handy, Kugelschreiber, Deoroller, Kondome ... Aber ich bin ja selbst schuld: Warum trage ich kein Jackett? Und warum nehme ich keinen Rucksack oder nicht wenigstens eine Plastetüte mit ins Theater? Es gongt zur Vorstellung und ich halte den Betrieb auf. Ein junger Mann im Anzug drängelt. Ein älterer Herr mit Fliege und Weste wirft einen Blick auf meine ausgebreiteten Utensilien und lächelt mich an. Ich fühle einen Stich ins Herz: An seinem Handgelenk baumelt ein Täschchen ...

Auch ich besaß einst solch ein kunstledriges Überlebenspaket, kurz Buko – Beischlafutensilienkoffer – genannt, mit zwei separaten Innenfächern, Reißverschlüssen, Druckknopf und Handschlaufe, doch damit ist es vorbei.

Ich bekam meine Handgelenktasche zu Weihnachten 1990, als Zubehör zu unserem ersten Westauto, einem Ford Fiesta. Probeweise fuhr ich mit der Hand durch die Schlaufe. Wie praktisch! Die Tasche passte wunderbar in die Frontablage und von nun an musste ich nicht mehr mühsam meinen Kram zusammenhalten, das übernahm die Herrenhandtasche für mich. Vorbei die Zeiten, in denen ich ständig etwas vergaß! Wie oft hatte ich ohne Schlüssel vor der Haustür gestanden. Wie oft war ich auf der Suche nach meinem Führerschein durch die Wohnung gerannt. Oder ich näherte mich mit vollem Einkaufswagen der Supermarktkasse und hatte meine Kreditkarte nicht dabei. Jetzt steckte die Karte neben den übrigen Accessoires in meiner Handgelenktasche. Ein Griff – und die Tasche folgte mir.

Ich dachte, dass man seinem Begleiter einen Namen geben muss, und nannte mein Täschchen Hans. Hans und ich wurden unzertrennlich. Hans sorgte nicht nur für Ordnung, er gab mir auch Halt. In gefährlichen Momenten klammerte ich mich an Hans, in traurigen drückte ich ihn an meine Brust. Wie weich und anschmiegsam sein Leder war! Irgendwann habe ich dann angefangen, mit ihm zu sprechen. Sobald ich im Auto saß, fragte ich: »Hans, bist du da?« Hans lag in der Ablage. Im Kino und im Konzertsaal lag er auf meinem Schoß. Beim Friseur wurde er zugedeckt, sodass ich mir nach einer Weile nicht mehr sicher war. »Hans?«, flüsterte ich und verstummte, wenn mich im Spiegel der Blick der Friseurin traf. Da ich wusste, wie gern Hans schaukelte, schlenkerte ich beim Gehen mit den Armen. Die Leute auf der Straße blieben stehen und lachten. »Mach dir nichts draus, Hans«, tröstete ich.

Einmal wachte ich mitten in der Nacht auf und bekam einen Heidenschreck: Hans war nicht da. Ich machte Licht und überlegte fieberhaft, wo wir zuletzt gewesen waren. Nacheinander durchkämmte ich alle Zimmer. In der Küche, in der Hausbar und auf dem Sofa unter der Katze war er nicht, auch nicht auf dem Klo. Ich suchte im Wäschekorb und schaute in der Mikrowelle nach, ohne Erfolg. »Bestimmt hast du die Tasche wieder im Auto liegen gelassen«, murmelte schlaftrunken meine Frau. Ich lief hinaus, öffnete die Fahrzeugtür und atmete erleichtert auf: Hans war hinter den Sitz gerutscht. »Tut mir leid, Hans!« Ich gab ihm einen Knuff, kroch mit der Hand durch die Schlaufe und legte mich wieder hin.

Am nächsten Morgen fuhren wir zum Baden an den Stausee. Ich zog mich am Ufer aus und hielt vorsichtig die große Zehe ins Wasser. Weil es ziemlich kalt war, ging ich langsam und mit erhobenen Händen hinein. Nach einer Weile hörte ich hinter mir die aufgeregte Stimme meiner Frau: »Die Tasche! Du hast die Autotasche noch am Arm!« Aber da schwammen wir schon.

– **Handgelenktasche**, *die: in den 1980er u. 1990er Jahren sehr verbreitete u. besonders unter Autofahrern beliebte Männer-handtasche mit kurzer Trageschlaufe*

Junge, nur einen Löffel!

Wer diese klebrig-ölige Masse zur Medizin erklärt hat, muss ein Sadist gewesen sein. Der Name des Extrakts sagt bereits alles: Lebertran! Welches Kind mag rohe Leber oder erst jenen übel riechenden Saft, der aus toten Fischleibern trieft? Zwar betrug die empfohlene Dosis nur einen Löffel täglich, doch im schlimmsten Fall musste man den Lebertran auch mehrfach löffeln, weil er, noch ehe er den Magen überhaupt erreicht hatte, schon wieder draußen war.

Abgefüllt in eine dunkelbraune, vor Licht schützende Flasche lauerte die Essenz in der kühlen Großelternschlafstube gleich neben den Dreierlei-Tropfen und der Karaffe mit Rizinusöl. Nach dem Frühstück mussten wir zur *Ölung* vor der Schlafstubentür antreten. »Kinder, ihr braucht euren Lebertran!« Schon wenn Großmutter den Deckel abschraubte und die gelbe Flüssigkeit auf den Esslöffel goss, drehte sich mir der Magen um. Mein älterer Bruder hielt sich die Nase zu und riss den Schlund auf. Bevor ihn der Löffel passieren konnte, klappte er wieder zu. Ich sah, wie mein Bruder angewidert den Kopf schüttelte.

»Junge, das ist Kosmonautennahrung.«

Da dachte er wohl, er käme ohne den Lebertran niemals ins All, und riss den Mund abermals auf. Der Löffel fuhr hinein und wieder heraus, mein Bruder würgte ein paar Sekunden und strahlte erleichtert.

Nun kam ich an die Reihe. Ich war höchstens drei Jahre alt und wollte kein Held mehr sein. Jedenfalls keiner, der mit Fischöl gefüttert wird. Wochenlang hatte ich die Tortur über mich ergehen lassen, doch jetzt konnte ich nicht mehr. Krampfhaft biss ich die Zähne zusammen. »Nun mach schon den Mund auf!«, rief Großmutter, die es gut mit uns meinte. Mein Bruder, dem der Tran im Magen herumging, stieß laut auf.

Großmutter versuchte mich zu locken, indem sie selbst einen Löffel von der Medizin schluckte. »Siehst du, ist doch gar nichts dabei.« Sie leckte sich die Mundwinkel. Mir schoss der Magensaft in die Speiseröhre.

Großmutter erschrak, weil ich plötzlich blass wurde, und rief Großvater zu Hilfe. Um mich zu beruhigen, erklärte er: »Lebertran ist vom Wal. Er ist gut fürs Wachstum, gut für die Knochen.« Das mit dem Wal war ein verbreiteter Irrtum. Doch der Rest stimmte, zumindest nach damaligem Wissensstand. Der Saft enthielt neben wertvollen Omega-3-Fettsäuren auch Jod, Phosphor und hohe Anteile an Vitamin A, E und D.

»Einfach runterschlucken, Junge!«

Der Löffel fuhr auf mich zu, ich roch den Tran, sah glibberige, graue Fischleber vor meinem geistigen Auge und drehte den Kopf weg. »Ich möchte lieber einen Apfel«, schluchzte ich.

Nun war auch Großvater mit seinem Latein am Ende. Glaubte er wirklich, dass die scheußliche Substanz mein Immunsystem stärken, mich vor Kinderkrankheiten schützen und vor Rachitis bewahren würde? Er war Schrebergärtner und schwor auf frisches Obst und Gemüse. Vermutlich wollte er sich der modernen Medizin nicht gänzlich versperren, die Gesundheit und kräftiges Wachstum durch Lebertran versprach.

»Junge, nur einen Löffel!«

Alles Flehen half nichts, meine Kiefer blieben krampfhaft geschlossen. Selbst wenn man mir den Tran gewaltsam eingeflößt hätte, er wäre mir zur Nase und zu den Ohren wieder herausgesickert. Warum, frage ich mich, wurden Heranwachsende mit Lebertran traktiert, statt diesen, wie es bei den Wikingern Brauch war, unter die Schiffsrümpfe zu schmieren, damit sich die Schiffe leichter über Land transportieren ließen? Ich wäre bereit gewesen, mich mit Lebertran einzureiben oder in Lebertran zu baden, nur hinunterwürgen konnte ich ihn nicht. Großmutter versuchte es weiter, doch da nun auch mein Bruder nicht mehr schluckte, gab sie schließlich auf und die braune Flasche verschwand auf Nimmerwiedersehen.

Soweit ich es überblicke, hatte meine Verweigerung keine gravierenden gesundheitlichen Folgen. Im Gegenteil: Ich wuchs sehr schnell und wurde größer als die meisten meiner Mitschüler. Ich bekam die Röteln, die Windpocken, Scharlach und Ziegenpeter, aber niemals Rachitis. Eine Überdosis Lebertran, so warnen heute wissenschaftliche Studien, hätte auf Dauer zur Verringerung meiner Knochendichte und zu einer schleichenden Veränderung meiner Leber, ja, sogar zu Haarverlust führen können. Vermutlich wäre mir irgendwann eine Schwimmblase gewachsen.

— **Lebertran**, *der: dünnes, hellgelbes, vitaminreiches Öl, das aus der Leber von Kabeljau, Dorsch u. verschiedenen Haiarten durch Pressen od. Erwärmen gewonnen wird*

Letkajenkka moja

Meine erste große Liebe war die Primaballerina in Tschaikowskis *Dornröschen*-Ballett. Ich hatte sie einen Abend lang im Moskauer Bolschoi-Theater auf der Bühne bewundert, ein zartes Wesen, das auf Zehenspitzen gehen, Pirouetten drehen und mit gespreizten Beinen durch die Luft schweben konnte. Das Programmheft mit dem Foto der Schönen, die darauf wartete, vom Prinzen wachgeküsst zu werden, lag nachts unter meinem Kopfkissen. Sie war bestimmt schon Ende 20, ich gerade siebeneinhalb, und das Schlimmste: Dornröschen wusste nichts von mir.

Doch kaum hatte ich mich dem süßen Kummer hingegeben, trat Letkajenkka in mein Leben. Oder kurz Letka, wie Onkel Rolf sie nannte. Er zog, als er uns in der russischen Hauptstadt besuchte, eine Single-Schallplatte aus seiner Reisetasche. Auf der Papierhülle war eine fesche Blondine im knielangen Kleid zu sehen, die in einer Bilderfolge den neuesten Modetanz vorführte: linkes Bein, rechtes Bein, dann hob sie ab und zog die Fersen ans Gesäß. Letka tanzte barfuß und ihre blonden Haare stoben. Ich war auf der Stelle in sie verknallt.

Letkiss, erklärte mein Leipziger Onkel, sei der beste Tanz der Welt. Gleich nach seiner Ankunft legte er die Platte auf und zeigte mir die Schritte. Rolf schüttelte seine Hausschuhe ab, stemmte die Arme in die Hüften und ahmte Letka nach: linke Ferse – dub dub, rechte Ferse – dubi-dubi dub. Dann der Sprung, breitbeinig vorwärts und zurück, und schließlich eine dreiteilige Drehung im Uhrzeigersinn – dub-dub-dub. Was für ein schwungvoller, sportlicher Tanz! Sein Rhythmus ging sofort ins Blut. Flugs brachte mein Onkel den Tonabnehmer zurück in die

Ausgangsposition, stellte sich neben mich, und los ging's. Dub dub dubi-dubi dub … Wir tanzten im Duett auf dem Wohnzimmerparkett, meine Primaballerina wäre entzückt gewesen. Beim Schlusssprung versuchte ich, wie Letka die Fersen ans Gesäß zu reißen, der Fußboden bebte.

Als Onkel Rolf das vierte Mal zum Plattenspieler trabte, klingelte es. Der Mieter unter uns, ein Diplomat aus Angola, wollte meinen Vater sprechen. Ich erklärte ihm, dass mein Vater nicht zu Hause sei. Der Mann verharrte unschlüssig vor der Schwelle. Durch die halboffene Tür hörte er unser Dubi-dubi-dub und auf seinem Gesicht erschien ein Lächeln.

»Kasatschok?«, fragte er.

»Njet, Letka«, erwiderte ich.

»Schto?«

»Letkiss.«

»Ah!« Er schlug sich mit der dunklen Hand gegen die Stirn. »Let's kiss!«

Verlegen betrachtete ich die rosa schimmernde Innenseite seiner Hand. Meine Eltern hatten mir eingeschärft, in ihrer Abwesenheit niemanden in die Wohnung zu lassen. Doch der Angolaner lauschte verzückt der Musik und wollte nicht gehen. »Let's kiss«, wiederholte er lächelnd und deutete mit der Hüfte eine Bewegung an. Ich fasste mir ein Herz und führte ihm die Schritte im Hausflur vor. Auf mein Zeichen startete Onkel Rolf den Plattenspieler erneut und drehte die Lautstärke voll auf. Die Musik schallte durch den Flur ins Treppenhaus, wo sich der Müllschlucker befand. Wahrscheinlich hörte man sie bis ins Erdegeschoss. Der Diplomat aus Afrika hüpfte lachend mit mir eine Runde vorm Fahrstuhl, dann ging er.

Am nächsten Morgen war mein Onkel krank. Rolf aß nichts, sprach kaum ein Wort und bald erhob er sich nicht mal mehr von der Couch. Er wollte weder das weltberühmte Kaufhaus GUM noch das Lenin-Mausoleum, noch die Schatzkammer des Kremls besichtigen. Den ganzen Tag lang dudelte der Plattenspieler. Meine Mutter fragte Rolf, was los sei. Da endlich fand mein Onkel die Sprache wieder. Er erzählte, dass er bei der Tanzstunde ein Mädchen kennengelernt habe, Renate. Sie hatten, da gerade der neueste Modetanz probiert wurde, Letkiss, immerzu Letkiss zusammen getanzt. Nun sehnte er sich nach Renate, so wie ich mich nach meiner Primaballerina gesehnt hatte. Und es wurde nicht besser. Bis zum Heimflug lag Rolf lethargisch auf der Couch und schrieb lange Briefe, die ich im frankierten Luftfrachtumschlag zum Postkasten brachte. Vermutlich trafen sie alle gleichzeitig bei der Angebeteten ein.

Kürzlich erhielt ich von Rolf und Renate eine Einladung zur Goldenen Hochzeit. Wenn ich zurückrechne, war mein Onkel bei seinem Moskau-Besuch siebzehn gewesen, also zehn Jahre älter als ich. Damals trösteten wir uns beide mit Letkiss. Bevor er zurück nach Leipzig flog, in die – wie wir heute wissen – offenen Arme von Renate, schenkte er mir die Platte. Meine Primaballerina habe ich nie wiedergesehen, doch Letkas Hüpfer beherrsche ich noch heute: Dub dub dubi-dubi dub ...!

– **Letkiss**: *Modetanz, der Anfang der 1960er Jahre in Finnland unter dem Namen Letkajenkka entstand u. auf dem Volkstanz Jenkka beruht; wurde 1965 mit dem Instrumental-Hit »Letkiss« vom Orchester Roberto Delgado (alias Horst Wende) auf deutschen Tanzböden populär*

Die Leiden des jungen F.

»Fassonschnitt«, sagte ich, wenn mich mein Vater zum Haareschneiden verdonnert hatte. Der Friseurmeister nickte, warf mir den Kittel über und griff zum Schurapparat. Mit der linken Hand drückte er mir das Kinn auf die Brust, mit der rechten fuhr er mit der ratternden Haarschneidemaschine, die damals an einem Kabel von der Decke hing, den Nacken nach oben. Das war angenehm, doch hinterher fühlte ich mich wie ein nacktes Schaf. Der Wind pfiff in den Kragen, die hängengebliebenen Haare juckten, die freigelegten Ohren wurden rot und steif vor Kälte und am nächsten Tag fragten meine Mitschüler spöttisch, ob ich die Treppe runtergefallen sei.

Mit anderen Worten: Ich sah aus wie mein Vater, der sich in kurzen Abständen den Hinterkopf ausrasieren ließ. Oder wie mein Großvater, bei dem nach jedem Kahlschlag die Warze überm Hemdkragen leuchtete. Kurze Haare, das war Kriegs- und Nachkriegsgeneration, Gefangenschaft, Entlausung und militärischer Drill. Oder *Freie Deutsche Jugend*, der staatlich organisierte DDR-Jugendverband. Russenschnitt. Freiheit, oder zumindest die Sehnsucht danach, sah anders aus. Sie quoll strähnig unter der Mütze hervor, fiel über die Schultern und flatterte beim Mopedfahren im Wind. Im Radio wetteiferten die Beatles mit den Rolling Stones. Fasson und Rockmusik, das passte einfach nicht zusammen.

Also zögerte ich den Gang zum Friseur hinaus. Beim Frühstück die tadelnden Blicke meiner Eltern. »Guck mal in den Spiegel«, wurde ich von Vater ermahnt. »Du siehst aus wie ein Beatle«, schimpfte Mutter. Mit dem kulturlosen »Yeah, Yeah, Yeah«, das von den *Pilzköpfen* ausging, wie die

Beatles wegen ihres die Ohren bedeckenden Rundschnitts genannt wurden, wollten sie nichts zu tun haben. Sie legten mir das Geld für den Friseur auf den Tisch. Ich übersah es. »Wir dulden keinen Gammler in der Familie«, hieß es schließlich. Mein Vater lieferte mich persönlich beim Haarabschneider ab, kam aber nicht mit rein. »Fasson?«, fragte der Friseur.

»Rundschnitt«, erwiderte ich trotzig. Als er fertig war, durfte ich mich im Handspiegel von allen Seiten betrachten. Mit viel Fantasie hätte man einen kleinen Ringo Starr (Schlagzeuger der Beatles) erkennen können, doch von meinen langmähnigen Mitschülern trennten mich noch Welten.

Ich nahm den familiären Ärger in Kauf und ließ die Wolle wachsen. Je länger die Haare wurden, desto stärker kräuselten sie sich. Weil sie zu dünn waren, wuselten sie auseinander. Nach jedem Waschen sah ich aus wie die amerikanische Bürgerrechtlerin Angela Davis. Ich schmierte mir Festiger ins Haar und fönte. Nun fiel es mir in Wellen über den Kragen. Vater nahm es zerknirscht hin, nur Großvater kritisierte mich noch indirekt, wenn er die Puhdys im Fernsehen sah: »Die haben sie wohl mit der Banane aus dem Urwald gelockt ...«

Ein weiteres Problem waren die Schuppen. Obwohl ich mein Haar jeden dritten Tag über der Badewanne mit Anti-Schuppen-Shampoo traktierte, bekam ich die Kopfhaut nicht in den Griff. Sobald die Mähne trocken war und ich sie striegelte, schneite es. Es schneite auch im Unterricht, wenn ich mir nervös mit der Hand durch die Tolle fuhr. Wie peinlich: Kragen und Schultern schienen wie mit Puderzucker bestäubt.

Auf einem Jugendweihe-Foto stehe ich im dunklen Westenanzug auf der Gartentreppe und blicke finster in die Kamera. Das Haar ballt sich zur Gewitterwolke. Damals wollten wir alle aussehen wie Mick Jagger oder John Lennon. Rock'n'Roll war unser Lebenselixier. Ich besorgte mir einen Anstecker meiner Lieblingsgruppe *Creedence Clearwater Revival* und nadelte ihn an meine Kordjacke. »C. C. R.« prangte da in roten Lettern. Als mich mein kurzsichtiger Russischlehrer fragte, weshalb ich neuerdings für die Union der Sozialistischen Sowjetrepubliken (russisch: CCCP) Reklame liefe, nahm ich ihn schnell wieder ab.

Dass die Rockerfrisur auf meinem Kopf keine Zukunft hatte, begriff ich erst, als sie sich vom Wirbel her zu lichten begann. Zum Glück war ich hoch aufgeschossen, sodass es nicht jeder gleich bemerkte. Doch man sah es, wenn ich im Unterricht den Kopf auf die Arme legte. »He, der kriegt 'ne Glatze!« Die mit den dicken Loden lachten, ich bekam Panik. Großvater, dessen Nackenwarze in einem Haarwust verschwunden war, schmunzelte. Seit der einzige Friseurladen im Dorf dichtgemacht hatte, ließ er sich aus Protest einen Kanten stehen, doch in der Mitte leuchtete eine runde kahle Stelle. Da komme die Kniescheibe durch, meinte er. Wehret den Anfängen! dachte ich entsetzt. Ich massierte mir die Kopfhaut, rieb Birkenhaarwasser hinein und kämmte mir einen Scheitel, um das Malheur zu überdecken. Vergeblich. Mein Haar war zu dünn und nun begann es auch noch auszufallen. Nach jedem Kämmen hing ein Dutzend Haare im Stielkamm, in der Bürste verfingen sich ganze Büschel. Der Mensch verliere 60 bis 100 Haare täglich, hatten wir im Biologieunterricht gelernt. Und wenn es bei mir nun 200 waren? Oder 300? Falls sie nicht wieder nachwuchsen, musste mein Vorrat von maximal 110.000 Kopfhaaren irgendwann aufgebraucht sein. Ich rechnete mit dem Schlimmsten. In Gedanken sah ich mich schon aus dem Klassenverband verstoßen und der allgemeinen Häme ausgesetzt, ein einsamer, junger Kahlschädel. Unser Biolehrer richtete mich wieder auf. Wir behandelten die Fortpflanzung des Menschen. Männer mit Glatze, behauptete Herr S., wären besonders potent. Die könnten fast immer und überall. Die Jungs zeigten grinsend mit Fingern auf meinen Hinterkopf. Die Mädchen betrachteten mich plötzlich mit anderen Augen.

— **Beatlefrisur**, *die: als wild u. unzähmbar empfundener Männerhaarschnitt, der in den 1960er u. 1970er Jahren der Liverpooler Band The Beatles nachempfunden wird; das Haar fällt über die Ohren, tief in die Stirn u. später bis auf die Schulter*

— **Gammler**, *der: abwertende Bezeichnung für einen langmähnigen u. oft ungepflegten Jugendlichen, der sich mit Nichtstun die Zeit vertreibt*

Mit Stumpf und Stiel

Ich weiß nicht mehr, wer mir dieses kleine Monster geschenkt hat. Das Biest hieß ASIS, war kompakt, rundlich und besaß ein locker sitzendes hellblaues Plasteschubfach. Ich habe die Spitzmaschine an meiner Schreibtischplatte angebracht, die den nicht ganz festen Mittelpunkt einer vielteiligen Leiter-Anbaumöbel-Wand bildete, und dabei vermutlich die Zwingschraube überdreht. Kurz und gut: Die Spitzmaschine wackelte und so musste ich, wenn ich mit der einen Hand die Kurbel drehte, mit der anderen das Gehäuse festhalten, wobei die Tischplatte schlingerte und die Möbelwand wankte; und regelmäßig rutschte das Schubfach heraus und ich hatte den Abfall auf dem Teppich.

Das war aber noch das geringere und nach einiger Übung beherrschbare Übel. Schlimmer war: Meine Spitzmaschine spitzte die Stifte nicht, sondern fraß sie – mit Stumpf und Stiel. Ich spannte einen Bleistift ein und drehte langsam die Kurbel. Dabei konnte ich zusehen, wie der Stift kürzer und kürzer wurde und schließlich verschwand. Als säße ein kleiner Hase auf meinem Schreibtisch, der Möhren schnorpste. Weder flehen noch drohen half. Schnorps, schnorps, schnorps – nach jedem Spitzversuch war der Bleistift fort und das Kästchen voll. Soll ich diesen unverschämtesten aller Büroartikel wirklich auf meine Rote Liste setzen?!

Die manuelle Spitzmaschine war einmal der letzte Schrei der modernen Büroausstattung. Ich habe sie nie auf einem Chefschreibtisch gesehen, nur an den Tischen der Vorzimmerdamen und des anderen untergeordneten Personals. Vermutlich gehörte es damals zu den Sekretärin-

nenpflichten, die Stifte des Dienstherren jederzeit angriffs-
bereit zu halten. Noch früher wurde der Bleistift mit einem
scharfen Messer gespitzt, ehe der portable Anspitzer diese
Arbeit erleichterte. Letzterer war handlich, aber noch
nicht das Nonplusultra, denn erstens musste man beim
Spitzen umständlich den Bleistift drehen (was nicht nur
mit feuchten Händen schwierig war) und zweitens machte
man sich dabei die Finger schmutzig. Vor allem, wenn es
ein Kopierstift war. Manchmal brach schon während des
Anspitzens die Spitze wieder ab, was Wut- und damit neu-
erliche Schweißausbrüche zur Folge haben konnte. Auch
der sogenannte Fallbleistift, dessen herausschiebbare
Miene vorsichtig zwischen den Fingern
gezwirbelt wurde, war keine wirkliche
Alternative. Bleistift blieb Bleistift
und das zum Anspitzen unverzicht-
bare Drehen ließ sich nun mal mit
einer stationären Spitzmaschine
am schnellsten und saubersten
bewerkstelligen. Aus einiger
Entfernung konnte man diese
leicht mit einer Kaffeemühle
verwechseln, obwohl sie
kleiner und schlanker war und
die Kurbel sich nicht oben, sondern hinten befand. Der wesentli-
chere Unterschied ist nur schwer zu beschreiben.

Die weder im Duden noch im Universalwörterbuch
zu findende Spitzmaschine hatte vorn ein Loch, in das
man den stumpfen Bleistift schob, ferner eine auszieh-
bare Spannvorrichtung. Saß er fest, kurbelte man so lange,
wie ein Widerstand zu spüren war, und zog hernach den
Bleistift geschärft wieder heraus. Spätestens nach zehn

bis 20 Spitzvorgängen musste das Kästchen mit den bunt geränderten und oft Muster bildenden Holzspänen sowie pulverisierten Graphitresten geleert werden. So weit die Theorie. Die Praxis sah, siehe Hase und Möhre, anders aus.

Ich weiß nicht mehr, wie ich von dem Vielfraß erlöst worden bin. Heute kaufe ich meine Bleistifte gleich fertig gespitzt im Supermarkt. Ist einer abgeschrieben, lege ich ihn beiseite und greife zum nächsten. Das ist bestimmt nicht gut für die Umwelt, denn Bleistifte werden bekanntlich aus Bäumen geschnitzt. Ich wüsste gern, wie mein inzwischen pensionierter Zeitungsverleger das Problem gelöst hat. Viele Jahre bewunderte ich seinen aufgeräumten, blitzblanken Schreibtisch, auf dem immer drei verschieden lange, spitze Bleistifte griffbereit lagen. Die spitzesten, die ich je gesehen habe! Da mein Verleger nicht mal die Sekretärin an seine Stifte ließ, bin ich mir sicher, dass er heimlich noch eine Spitzmaschine seines Vertrauens eingestellt hatte. Vermutlich klemmte sie kopfüber unter der Tischplatte.

- **Bleistiftspitzer**, *der: mit einer Klinge versehenes fingerhutgroßes Gerät zum Anspitzen von Blei- u. Buntstiften*

- **Spitzmaschine**, *die: fest installierter, per Handkurbel angetriebener u. zumeist auf Fräserbasis funktionierender Anspitzer*

Endstation Wald

Der Beamte logierte im warmen Stübchen hinter einer Scheibe, in die ein ovales metallgerahmtes Fensterchen eingelassen war. In der Regel war es aufgeklappt; man musste sich vorbeugen und durch die Öffnung sprechen: »Einmal Student – Jena-Finkenkrug – Sonntag zurück – mit Zuschlag, bitte!« Ich schob meinen Studentenausweis unter der Scheibe durch, wo sich eine weitere, schlitzförmige Öffnung befand.

»Über Falkenhagen?«

Ich nickte, was der Mann in der dunkelblauen Eisenbahneruniform nicht sah. Er blätterte im Dienstbuch und fuhr mit dem Zeigefinger die Spalten ab. Plötzlich traf mich sein ungeduldiger Blick: »Was denn nun? Über Potsdam oder Falkenhagen?«

»Über Falkenhagen«, rief ich hastig, denn hinter mir murrte es in der Schlange, junge Leute in grellfarbenen Anoraks und zerknitterten Parkas, mit Rucksäcken, selbst genähten Stoffbeuteln und Reisetaschen bewehrt. Es war Freitagmittag und Heimfahrtwochenende; die meisten hatten wie ich die Vorlesung geschwänzt und wollten schnell weg. Der Schalterbeamte blätterte erneut. Über Lautsprecher wurde schon der D-Zug nach Stralsund, mit Halt in Naumburg, Halle/Saale, Lutherstadt Wittenberg, Ludwigsfelde und Berlin-Schönefeld, angekündigt. Ich fingerte meinen 50-Mark-Schein aus der Jacke, während sich der Mann über seine Maschine beugte, an verschiedenen Stellrädchen drehte und die Walze verschob. Es ratterte. Ich atmete erleichtert auf, als ich das kleine, bedruckte Pappstück endlich in der Hand hielt.

Die Fahrkarte war 5,5 Zentimeter lang und 3 Zentimeter breit, knickfest und passte bequem in jede Hemd- oder Hosentasche. Man konnte sie aber auch leicht verlieren. Warum sie grau bis bräunlich war? Vielleicht, weil sie aus Altpapier gepresst wurde. Über die bedruckte Vorderseite verlief vertikal ein dicker, farbiger Mittelstreifen. Manchmal war sie schräg abgeschnitten – für Halbwüchsige? Als Äquivalent für den D-Zug-Zuschlag bekam man eine zweite Karte und bis Anfang der 1960er Jahre wurden für Leute, die nur jemanden zum Zug bringen oder vom Zug abholen wollten, sogar Bahnsteigkarten ausgegeben.

Irgendwo habe ich gelesen, dass die Eisenbahnfahrkarte in Taiwan exakt dieselben Maße hatte, obwohl doch die Hände von Asiaten von Natur aus zierlicher sind. Es muss also ein Monopol gegeben haben. Vielleicht liegt ja noch irgendwo in den Tiefen der Schweizer Depots der Prototyp mit den millimetergenau festgelegten Abmessungen – die Urfahrkarte.

Der D-Zug Suhl-Stralsund war wie immer überfüllt. Ich drückte mich in den Gang, ließ mich vor einer Abteiltür auf meiner Reisetasche nieder und nahm die Reclam-Ausgabe von Heiner Müllers Stück »Zement« zur Hand. Doch zum Lesen kam ich nicht. Dauernd wollten Leute an mir vorbei. Es war laut und stank nach Zigarette, Fusel und Klo; zwei Taschen weiter wurde Skat gedroschen. »Die Fahrkarten, bitte!« Der Schaffner nahte, um sie zu entwerten – durch einen Strich mit dem Rotstift oder mit der Schaffnerzange, die ein Loch knipste und zugleich Datum und Zugnummer in den Karton drückte. »Und Sie, junger Mann! Darf ich Ihre Fahrkarte mal sehen?« Im Portemonnaie war sie nicht, sie steckte auch nicht im Hemd. Vor Aufregung schwitzend kehrte ich meine Jacken- und Hosentaschen nach außen. »Ich verstehe das nicht ... Eben hatte ich sie doch noch ...« – »Und das da?« Der Schaffner tippte mit der Zange auf mein pappenes Lesezeichen ...

Der D-Zug hielt mit einer Stunde Verspätung in Schönefeld. Ich rannte zur S-Bahn, die wegen der Mauer im weiten Bogen um West-Berlin herum kurvte, und verpasste in Birkenwerder meinen Anschluss. Nach Mitternacht stand ich mit drei Schicksalsgefährten in Falkenhagen auf einem langen Bahnsteig mitten im Wald. In der Nähe war ein kleiner See und im Sommer lauerte manchmal ein Exhibitionist hinter den Bäumen. »Ssssst«, zischte er, »ssssst«, und wenn man hinsah, öffnete er seinen Bademantel. Aber es war Herbst, die Nacht kühl und neblig, der nächste Zubringer nach Finkenkrug hielt, wenn er pünktlich war, in zwei Stunden, und nicht einmal der Entblößer ließ sich blicken.

– **Pappfahrkarte**, *die: kleiner bedruckter Fahrausweis aus Karton; der Begriff wurde 1889 als deutsche Entsprechung für Billett geprägt, um den Einfluss des Französischen einzudämmen*

In der Hitze der Nacht

In einer heißen Aprilnacht des Jahres 1984 wurde unser Sohn gezeugt, bei fast 40 Grad Celsius Zimmertemperatur, das Fenster stand weit offen. Er wurde ein hyperaktives Kind und noch heute, als junger Mann, reagiert er mitunter hitzig, vermutlich hat er zu viel Energie im Speicher. Wie bitte, Aprilnächte seien hierzulande gar nicht so heiß? Bei uns waren sie tropisch! Und das kam so:

Ich wohnte als Doktorand zur Untermiete bei einer freundlichen, älteren Dame, deren Mann gestorben war. Das Zimmer war nicht unbedingt preiswert, für studentische Verhältnisse aber luxuriös: Von meinem Fenster aus blickte ich auf einen kleinen Vorgarten und konnte in der Ferne ein Stück vom Kirchturm sehen. Vor allem brauchte ich weder Kohlen zu schleppen noch Asche zu entsorgen, denn geheizt wurde elektrisch mit einem Nachtspeicherofen. Das Ungetüm thronte auf einem Betonsockel gleich neben der Tür und am anderen Ende des Raumes stand das Bett. Dazwischen hatte ich meinen Schreibtisch gerückt. Anfangs störte mich das Brummen im Flur. Über ein Extrakabel wurde der Ofen mit billigem Nachtstrom versorgt und es war der Transformator, der laut vibrierte. Tagsüber ruhte der Ofen und strahlte die gesammelte Wärme durch ein Gittergeflecht ab, die Lamellen ließen sich per Hebeldruck öffnen und schließen.

Der Nachtspeicherofen war, wie die gesamte DDR-Wirtschaft, sparsam und verschwenderisch zugleich. Was wir über den Sondertarif einsparten, jagten wir zum Fenster wieder hinaus. Einmal klopfte es in der Früh an der Zimmertür. Es war die Stunde, in der der Ofen seine höchste Leistung brachte; wir hatten die Decke weggestrampelt und kühlten unsere Körper mit frischer Morgenluft. »Schließen Sie bitte das Fenster«, rief die Wirtin mit abgewandtem Gesicht, »wir heizen doch nicht den Garten!« In der Tat blühte – viel zu früh für die Jahreszeit – vorm Haus bereits der Flieder.

Doch der Ofen ließ sich nicht drosseln. In der Nacht schmorte er uns im eigenen Saft, am Morgen strahlte er noch stark nach und wärmte mir beim Arbeiten den Buckel. Gegen Mittag kühlte er dann ab und am späten Nachmittag war er eiskalt. Ich schrieb damals an meiner Dissertation und wenn ich nicht mit der Straßenbahn in die Stadt fahren musste, um mich in der Uni mit meinem Betreuer zu treffen oder für ein paar Stunden im Lesesaal zu arbeiten, hockte ich den ganzen Tag daheim in meinem Zimmer. Wie im Zeitraffer zogen dort die Jahreszeiten an mir vorbei. Erst saß ich barfüßig und nur in T-Shirt und Turnhose am Schreibtisch, dann im Trainingsanzug und mit Strümpfen, schließlich mit zusätzlichem Pullover, Stricksocken, Schal und Pudelmütze. Bibbernd trat ich abends an den auskühlenden Ofen und öffnete die Lamellenklappe. Ein Schwall wohliger Restwärme entwich seinen Eingeweiden. Um sie nicht nutzlos zur Decke aufsteigen zu lassen, setzte ich mich auf das Gitter, verschränkte die Arme vor der Brust und wartete.

Gegen 22 Uhr war es endlich so weit. Mit einem Klacken schaltete sich die Stromzufuhr ein. Es brummte. Der Ofen unter mir wurde warm und heizte sich spürbar auf. Ich blieb so lange wie möglich sitzen. Schließlich sprang ich ab und pellte mich Schicht um Schicht aus den Sachen. Meine Frau erschien. Wieder stand uns eine tropische Nacht bevor.

– **Nachtspeicherofen**, *der: elektrischer Ofen, der die durch billigeren Strom in der Nacht gewonnene Wärme speichert u. tagsüber abgibt*

Daumen hoch am Straßenrand

In einer Zeit, da noch nicht jeder Berufsanfänger oder Student einen Führerschein, geschweige denn einen fahrbaren Untersatz besaß, bewegten wir uns per Anhalter durchs Leben. Trampen, auch Autostopp genannt, war eine so simple wie abenteuerliche Methode des Reisens, bei der man das Geld für die Zug- oder Busfahrkarte sparen konnte. Man sparte nicht unbedingt Zeit, denn meistens kam man erst nach etlichen Zwischenstopps auf Umwegen ans Ziel. Dafür war man frei, an keinen Fahrplan und kein Streckennetz gebunden, lernte wildfremde Menschen kennen und hat heute noch etwas zu erzählen.

Wir stellten uns an den Straßenrand und streckten, wenn ein Auto kam, den Arm aus, wobei der Daumen der leicht geballten Hand nach oben zeigte. An Parkplätzen und Autobahnauffahrten wurde ein Pappschild hochgehalten, auf dem mit Filzstift der Zielort oder eine größere Stadt in dessen Umkreis stand. Wichtig war, dass man gelassen blieb und nicht winkte oder gar hüpfte, was Autofahrer eher abschreckte. Ein Tramper von Welt war an seinem nachlässigen Outfit erkennbar: lange, ungepflegte Haare, Sonnenbrille, Jeans, verblichener Pullover und Jesuslatschen. Meist hatte er Kraxe und Schlafsack dabei und war ungewaschen. Irgendwann hielt jemand an und öffnete die Beifahrertür: »Wohin? Steig ein, Kumpel!«

Es wurde auf Teufel komm raus getrampt, was man auch daran merkt, dass das Kultbuch jener Jahre »Per Anhalter durch die Galaxis« hieß. Bis zum 4,2 Lichtjahre entfernten Stern Proxima Centauri wollten wir natürlich nicht, höchstens von Jena nach Wismar oder, wenn man im Westen aufwuchs, von Delmenhorst nach Regensburg und weiter bis Italien. Das Trampen bot auch dem Fahrer eine willkommene Abwechslung. Heute kann man die *Zehn Gebote für den Tramper* im Internet nachlesen. Das wichtigste lautet: Du sollst dich nicht im Gebüsch verstecken und deine hübsche Freundin vorschicken …

Waren wir gutgläubig, naiv oder nur schlicht vom Glück begünstigt? Nie hörte ich etwas von Kidnapping, Raubüberfall, Mord oder Vergewaltigung. Zwei Klassenkameradinnen trampten quer durch die Tschechoslowakei und Ungarn nach Bulgarien. Sie ließen sich von halbnackten, schnauzbärtigen Lkw-Fahrern mitnehmen und kehrten mit einem leichten Sonnenbrand, doch ansonsten unversehrt von der Schwarzmeerküste wieder heim. Eine Kommilitonin zog es jeden Sommer vom Erzgebirge an die Ostsee; sie trampte allein und schloss ihre Saisonbekanntschaften meist schon unterwegs, bis sie eines Tages in einem frisierten Lada dem Mann fürs Leben begegnete. Alles ging, wenn auch nicht immer glatt, so doch am Ende gut aus. Aber wer mag schon in die seinerzeit unter Verschluss gehaltene Kriminalstatistik blicken, die bestimmt auch die eine oder andere Tramperleiche verzeichnet? Strecken wir lieber weiterhin den Daumen in die Höhe und glauben an das Gute im Menschen.

Wie mein Bekannter aus dem Westerwald, der in den 1980er Jahren mit zwei Kumpel zum Austernessen auf die französische Insel Oléron wollte. Doch einer verdarb sich schon kurz vorher den Magen, daraufhin sprang auch der andere ab. So machte er sich allein auf den Weg. Fuhr mit dem Nachtzug bis Paris und von dort nach La Rochelle. Ein Brummifahrer nahm ihn mit, bog jedoch nach Rochefort ab und entließ ihn an einer einsamen Kreuzung. Da stand er nun, mitten in der Pampa. Es dämmerte und niemand kam vorbei. Was tut ein Tramper, wenn er nicht weiterweiß? Er schultert seinen Rucksack und trottet durch die Dunkelheit. Irgendwann zwei Scheinwerfer im Rücken. Ein rasselnder Citroën 2CV, wegen seiner Form vom Volksmund *Ente* getauft. Daumen hoch. Die Ente, in der zwei Frauen sitzen, stoppt abrupt. Die Beifahrerin kurbelt die Scheibe herunter und ruft: »Montez, Monsieur!« Das lässt sich der junge Herr nicht zweimal sagen. Rasch öffnet er die hintere Wagentür und zuckt zurück. Von der Rückbank knurrt ihn ein riesiger Schäferhund an. »Ne t'en fais pas!«, beruhigt die Fahrerin. Hippie sei friedlich, habe noch nie jemanden gebissen. Sicherheitshalber schiebt er seinen Rucksack zwischen sich und den Köter. Etwas Süßliches nebelt ihn ein. Die Damen vergnügen sich mit einem Joint und reichen die *Tüte* nach hinten. Allmählich wird er lockerer. Auch der Hund beruhigt sich und wackelt, als es weitergeht, schläfrig mit dem Kopf. Madeleine und Charlotte, so heißen die beiden Frauen, kommen aus der Schnapsbrennerstadt Cognac und wollen in die Ferien. Madeleine fährt barfuß, rein nach Gefühl, und tritt so lustvoll aufs Gas, dass die Ente in den Kurven schlingert und quietscht. Man kichert. Als ein Reggae von Bob Marley ertönt, dreht Madeleine das Autoradio voll auf und Charlotte, die auf dem Beifahrerplatz mehr liegt als sitzt, weil sie ihre nackten Beine aus dem Seitenfenster streckt, wickelt eine neue Tüte. Man unterhält sich, so gut man kann. Aus Deutschland komme er? Und wolle nach Oléron? Ach, zum Austernessen ...? Wieder dieses verschwörerische Gekicher. Hippie hat die Augen geschlossen und winselt im Traum. Ob er nicht lieber mit ihnen kommen wolle, fragt erst Madeleine und später auch Charlotte, die, wie sich herausstellt, Schwestern und womöglich gewillt sind, alles miteinander zu teilen.

– **Anhalter**, *der: auch Tramper (englisch: hitchhiker) genannter Reisender, der am Straßenrand auf gut Glück ein Auto anhält, um ein Stück od. auch eine längere Strecke mitgenommen zu werden*

– **»Per Anhalter durch die Galaxis«:** *(Originaltitel: »The Hitchhiker's Guide to the Galaxy«) bekanntestes Werk des englischen Schriftstellers Douglas Adams, in dem Satire und Science Fiction vermischt werden*

Frankensteins Heimwerker

Das Wichtigste an der Flachbatterie waren ihre Kontaktbügel. Der längere bildete den Plus-, der kürzere den Minuspol. Wenn man die Zungenspitze zwischen beide Bügel schob, schloss sich der Stromkreis und man spürte ein leichtes Kribbeln. Die Zungenprobe funktionierte bei keiner anderen Batterie. Strom schmeckt salzig, das weiß ich seit meiner Kindheit. Ich hatte zum achten Geburtstag einen Elektrobaukasten geschenkt bekommen und mein Vater wollte mir zeigen, wie man die Glühbirne zum Leuchten bringt. Er klemmte die Drähte an, doch es funkte nicht.

»Das wird wohl an der Batterie liegen«, meinte er. »Mal sehen, ob noch Saft drauf ist.«

Als er die elektrische Batterie zum Mund führen wollte, schrie ich auf.

»Keine Angst, mein Junge, das sind nur viereinhalb Volt ...«

Doch ich hatte mir heimlich den Frankenstein-Film angeschaut, in dem das aus Leichenteilen zusammengeflickte Monster mit Stromstößen zum Leben erweckt wurde, und glaubte Vater nicht. Ich sah, wie er vorsichtig die Zunge herausstreckte, um an der Batterie zu lecken, und mir standen die Haare zu Berge. Gleich musste der Blitz in ihn fahren, sein Gesicht würde sich grünlich verfärben und der Körper zu schlottern anfangen. Doch nichts dergleichen geschah. Vater verzog nur die Mundwinkel.

»Die Batterie ist noch gut. Probier selbst mal ... Aber dass du mir niemals die Zunge in die Steckdose steckst, hörst du!« 220 Volt, erklärte er mir, könnten unter Umständen tödlich sein.

Unser Zwergspitz hat sie überlebt. Nelly knautschte im Wohnzimmer an der Lampenschnur. »Pfui, Nelly!« Die Hündin hörte nicht. Eines Abends jaulte sie plötzlich auf und schrie wie am Spieß. Sie hatte die Isolierung durchgeknabbert, ihre Zunge klebte am blanken Kabel. Es knisterte und Funken sprühten. »Pfui, Nelly, pfui!« In ihrer Panik wollte Mutter die Hündin wegzerren, doch Vater rief: »Nicht doch, du reißt ihr ja die Zunge ab!« Er zog geistesgegenwärtig den Stecker. Die Stehlampe erlosch, doch es roch noch einige Zeit verbrannt. Nelly verkroch sich winselnd und mit eingeklemmtem Schwanz und fraß erst nach Tagen wieder. Die kaputte Lampenschnur wurde dick mit Isolierband umwickelt.

Aber zurück zur Flachbatterie, die aus drei in Reihe geschalteten und mit Papier ummantelten Zink-Kohle-Zellen bestand. Sie war hunde- und kinderfreundlich und man hat sie wohl nur deshalb aus dem Verkehr gezogen, weil sie für heutige Bedürfnisse zu groß, zu schwer und zu sperrig ist. Dabei war die Flachbatterie bis in die 1980er Jahre zum Betreiben von elektrischem Kinderspielzeug als auch für Bastler unentbehrlich.
Und sie gehörte in die Signaltaschenlampe der Deutschen Volkspolizei, die bei meinen Großeltern immer griffbereit im Schubkasten lag. Die Lampe hatte einen Schieberegler für Farbfilter und ließ sich mit ihrer Lederlasche am Uniformknopf befestigen. Ich knöpfte sie mir nachts vor dem Gang zum Plumpsklo an die Schlafanzugjacke.

Da die Flachbatterie nur 85 Pfennig kostete, diente sie meinem Bruder und mir als Energiequelle für allerlei

Experimente. Zum Beispiel bastelten wir aus einem Elektronikbaukasten zwei Haustelefone, die wir im Kinderzimmer und in der Küche platzierten. Eine Zeitlang ließen wir uns telefonisch zum Essen bitten. Doch als Mutter dazu überging, das Telefon als persönliche Kommandoleitung zu nutzen – »Abwaschen! Staubsaugen! Einkaufen!« –, verloren wir die Lust und rollten die Leitung wieder ein. Wir wollten unsere Ruhe haben und brachten eine kleine Leuchttafel an der Kinderzimmertür an: »Bitte nicht stören!« Vater klopfte, ehe er eintrat, doch Mutter ignorierte das Schild. Um vor ihren spontanen Kontrollen gewappnet zu sein, installierten wir ein batteriebetriebenes Warnsystem. Der Kontakt war auf der zweiten Treppenstufe unterm Teppich versteckt und per Kabel mit einem Lämpchen und einem Summer verbunden. Sobald jemand die Treppe heraufkam, schnarrte es und über unseren Betten ging die rote Lampe mit der Aufschrift »Mutter!« an.

– **Flachbatterie**, *die: flache, mit Papier umwickelte Batterie von 4,5 Volt, bei der drei 1,5 Volt-Zink-Kohle-Zellen in Reihe geschaltet sind*

Mein schönes Fräulein,
darf ich wagen …?

Sicherlich hat es zwischendurch auch *Schmuserunden* gegeben. Doch die meiste Zeit tanzte man, mehr oder minder wild, paarweise auseinander. Die langsame Runde kam erst zum Schluss und wurde vom Discjockey, der im Osten offiziell Schallplattenunterhalter hieß, angekündigt. Für Paare, die sich bis dahin nicht gefunden hatten, bot sie die letzte Gelegenheit: »So, Freunde der Beatmusik, nun ist es wieder so weit. Kommt euch näher! Fasst euch an und träumt was Süßes zu zweit!« Der Traum konnte mit Led Zeppelins Ballade »Stairway to Heaven« himmlisch werden und sich mit Deep Purples »Child in Time«, einem betörenden Stück von zehn Minuten und 22 Sekunden Länge, in einen Rausch steigern. Beliebt war auch die »Tagesreise« der Horst-Krüger-Band. Man tanzte eng umschlungen, hatte die vor Aufregung feuchten Hände auf dem Rücken oder an der Hüfte der Partnerin und spürte ihren warmen, anschmiegsamen Körper. Blickkontakt war nicht möglich, denn erstens war es dunkel und zweitens sank meist schon nach kurzer Zeit ihr Kopf auf seine Schulter. Im Gegenzug glitt seine Hand ihren Rücken hinab, bis sie, wenn kein Widerstand sich regte, an ihrem Hintern kleben blieb.

Ich saß am Tisch und blickte nervös auf die Uhr, denn spätestens um Mitternacht war die Chose zu Ende. Seit Stunden hatte ich ein Mädchen im Auge, mit dem ich liebend gern getanzt hätte, doch meist war sie mit ihrer Freundin oder mit einem Kerl auf der Tanzfläche. Und nun war sie verschwunden. Vermutlich drängte sie sich mit den anderen auf der Toilette, wo die Frisuren gerichtet, Lippen und

Lider nachgezogen und die Achselhöhlen frisch gemacht wurden – alles für die langsame Runde. Auch die jungen Damen standen unter Druck. Nur wer jetzt aufgefordert wurde, durfte hoffen, anschließend nach Hause begleitet, womöglich sogar geküsst zu werden, und der letzte Tänzer sollte, nein, er *musste* der Richtige sein. Ich war, um die Rückkehr meiner Auserwählten nicht zu verpassen, auf dem Sprung. »So, liebe Freunde, da wären wir wieder so weit. Anfassen, festhalten und nicht mehr loslassen. Hier kommen Wishful Thinking mit ›Hiroshima‹.« Um es gleich zu sagen, ich habe mich nicht getraut. Ich blieb hocken und schaute zu, wie die Angebetete mit einem anderen im Gewühl entschwand. Und das zu meinem Lieblingssong!

Woran lag es? Beim Tanzunterricht in der elften Klasse hatten wir langsamen und Wiener Walzer gelernt, auch ein bisschen Boogie und Cha-Cha-Cha, und wussten, wie man mit einer höflichen Verbeugung eine Dame zum Foxtrott aufforderte. Aber niemand hatte uns beigebracht, wie man ein Mädchen zur letzten Runde auf die Tanzfläche zog. Ich hatte Angst, einen Korb zu bekommen. So wie beim Schülerball in der Turnhalle.

Plötzlich ging die Deckenbeleuchtung aus und Schwarzlicht-Röhren verzauberten den Saal. Rundum strahlte alles, was heller war, durch das unsichtbare UV-Licht in geisterhaftem Weiß, als mir die Fee erschien. Sie war einen Kopf kleiner als ich und hatte lange, glatte Haare. Unschlüssig stand sie mir gegenüber, während das Vorspiel zu »Nights in White Satin« erklang. Ich weiß nicht, was die Kleine von mir gesehen hat. Vielleicht die helle Knopfleiste an meinem Hemd oder den Gürtel, der meine Nietenhose hielt. Vielleicht auch meine leuchtend weißen Zähne, als ich den Mund öffnete. Ich stammelte einen Vers aus Goethes »Faust«, den wir gerade im Unterricht behandelten:

»Mein schönes Fräulein, darf ich wagen/Meinen Arm und Geleit Ihr anzutragen?« Zum Glück wurden die Worte von der Musik verschluckt. Die Fee nahm lächelnd meine Hand und zog mich auf die Tanzfläche. »Nights in white satin, never reaching the end«, seufzten die Moody Blues. Ich spürte, wie sich ihre Arme um meinen Hals schlossen. Ihr Kopf sank gegen meine Schulter und das weiche Haar schmeichelte meinem Ohr. Ich konnte es kaum fassen. Ein zartes Wesen, das nicht von diesem Stern war, wiegte sich zum Takt in meinen Armen. Auf diesen Glücksmoment hatte ich viele Abende gehofft. Regelrecht verzehrt hatte ich mich danach. Jetzt genoss ich mit dem fremden Mädchen das sanfte Flötenzwischenspiel. Alles war unwirklich. Man sah keine Gesichter, nur fluoreszierende Kleidungstücke und Accessoires. Blusen, Stirnbänder, Armreifen und Haarspangen schwebten durchs Dunkel. Selbst Lidschatten und Fingernägel leuchteten. »And I love you«, sangen die Moody Blues. Ein flirrender Mittsommernachtstraum, aus dem ich jäh erwachte. Als die Musik zu Ende war, ging das Deckenlicht wieder an. Wir lösten uns aus der Umklammerung und musterten einander. Mir klopfte vor Aufregung das Herz bis zum Hals, sie erstarrte. Ich weiß nicht, was das auch im Hellen noch wunderschöne Fräulein während der langsamen Runde in mir gesehen hatte, und sollte es auch nie erfahren. Noch ehe ich meinen Spruch, der diesmal besser gepasst hätte, wiederholen konnte, ließ sie mich stehen und eilte an den Tisch, wo ihre Freundinnen schon auf sie warteten. Ich musste »ungeleitet nach Hause gehn«.

– **Langsame Runde**, *die: Folge von verhaltenen, langsamen Musiktiteln, die bei Tanzveranstaltungen zu fortgeschrittener Stunde eingeschoben bzw. zum Abschluss gespielt wird u. Gelegenheit bietet, eng umschlungen zu tanzen*

Katze in der Röhre

»Der Räuber ging in die Küche, ein Licht anzuzünden, und weil er die glühenden Augen der Katze für lebendige Kohlen ansah, hielt er ein Schwefelhölzchen daran, dass es Feuer fangen sollte. Aber die Katze verstand keinen Spaß, sprang ihm ins Gesicht, spie und kratzte …« Schon wegen dieser Szene aus dem Märchen von den Bremer Stadtmusikanten gebührt dem Kohlenherd ein warmes Plätzchen auf meiner Liste.

In meiner Kindheit war der Küchenherd der Wärmequell der Familie. Er wurde frühmorgens angeheizt und glühte bis in die Nacht. Um die Mittagszeit bollerte er geschäftig unter den Töpfen. Er besaß vier gusseiserne Füße und zwei übereinander angeordnete Türchen; durch die eine wurden die Briketts nachgeschoben, aus der anderen wurde die Asche geholt, die sich im Kasten sammelte. Mit dem Feuerhaken verschaffte mein Großvater dem Herd von Zeit zu Zeit Luft. Wenn die Glut kurz vorm Verlöschen war, hob er die eisernen Herdringe ab und legte von oben nach, bis die Flammen unter der Küchendecke tanzten.

Auf unserem Herd hatte alles seinen Platz. Links stand, aus der Kochzone gerückt, der Malzkaffeetopf. Rechts führte eine kleine Blechwanne tief in den Ofenbauch hinab – eine Art Ur-Boiler, man brauchte nur den Deckel zu heben und konnte jederzeit heißes Wasser schöpfen. An einem Brett an der Ölwand hingen die Schöpfkellen und Topflappen und ganz unten im Kohlenkasten lagerte, sorgsam geschichtet, der Brennvorrat für mehrere Tage. Das Holz verströmte Waldgeruch und auf dem Herd duftete es, je nach Tages- und Jahreszeit, immer anders – nach

Kakao, Mehlschwitze, Möhreneintopf, Kaninchen, Bratäp-
feln oder Kloß mit Meerrettichsauce –, doch manchmal
biss einem auch der Qualm in die Nase.

An die Backröhre, in der die Holzscheite zum Anfeu-
ern trockneten, erinnere ich mich mit Grausen. Sie war,
wie im Märchen, der Lieblingsplatz der Katze. Eines Tages
war unsere Mutsch verschwunden. Wir suchten sie im
ganzen Haus, durchkämmten Stall, Scheune und Garten.
Ohne Erfolg. Am nächsten Morgen entdeckte Großvater
sie beim Feueranmachen. Die Katze lag zusammengerollt
in der Röhre. Jemand hatte im Vorbeigehen gedankenlos
die Klappe zugeworfen; das arme Tier maunzte, fauchte
und kratzte nicht mehr.

– **Kohlenherd**, *der: Küchenherd, der mit Holz u. Kohle beheizt
wird*

Wenn ich mal alt bin

»Wenn ich mal alt bin und geh am Stock …« Vor nicht einmal 100 Jahren gehörte er, wie der vornehme Hut, zum guten Ton. Das heißt, Hut, zumeist Melone oder Zylinder, und Spazierstock gehörten zusammen. Stefan George, Oscar Wilde, Joseph Roth, Tom Wolfe, William Somerset Maugham und andere große Dichter des 20. Jahrhunderts posieren auf Fotos damit. Bertolt Brecht habe ich nie mit Spazierstock gesehen, der passte nicht zu seinem proletarischen Outfit. Spazierstöcke hatten meist einen kunstvoll verzierten Griff oder einen kostbaren Knauf. Sie ließen sich schwingen wie ein Zepter. Mit dem Spazierstock wurde gegrüßt, gescharrt, aufgestampft, gedroht und geprügelt. Mitunter sogar gemordet, literarisch zumindest: In Robert Louis Stevensons Erzählung »Der seltsame Fall des Dr. Jekyll und des Mr. Hyde« bringt der zwiegespaltene Held sein erstes Opfer mit dem Stockknauf zur Strecke.

Eine kleine, doch beeindruckende Stocksammlung befand sich in Erwin Strittmatters altem Arbeitszimmer in Schulzenhof. Der 1994 verstorbene Schriftsteller hatte mit altmodischen Dingen gelebt. Als ich 1997 anlässlich einer Reportage in der Kate über dem Pferdestall übernachtete,

stöberte ich neugierig im Bücherregal, griff nach einer Erstausgabe des »Schulzenhofer Kramkalenders« und stieß darin auf die Beschreibung des Bettes (»ohne Kopfteil und Fußteil«), in dem ich gerade lag. In einer Nische zwischen Tür und Regal entdeckte ich Strittmatters Krück- und Wanderstöcke. Sie wiesen allesamt Kerben und Schrammen auf – Zeichen ihrer Nutzung. Henri, der viele Jahre das Anwesen in Ordnung gehalten, die Pferde versorgt und die Chefin Eva chauffiert hat, erzählte mir von Strittmatters letzten Spaziergängen. Als er nicht mehr reiten konnte, soll der *Alte Schulzenhofer* noch täglich mit dem Hund durch den Wald bis zum See gegangen und durchs Vorwerk zurückgekehrt sein. Immer hatte er seinen Spezialspazierstock dabei, auf den er sich stützte, und wenn die Füße nicht mehr wollten, sogar setzte. Dann rammte er den Stock mit der Spitze in den Waldboden, faltete den kleinen, ledernen Sattel auseinander, verschnaufte und machte sich dabei Notizen, von denen es die eine oder andere als *Kleingeschichte* bis in seine Bücher schaffte. Strittmatters Wanderstab mit dem wundertätigen Sattel träumte nun in der Schreibstubenecke vor sich hin.

Auch mein Großvater hatte fürs Alter vorgesorgt. In der Scheune parkte ein nach dem Krieg vom Deutschen Roten Kreuz ausgemusterter Rollstuhl mit Stangenantrieb und an der Stallwand lehnten drei verschiedenartige Stützen: ein Krückstock mit glattem Griff aus edlem Nussholz, ein Wanderstab mit Messingschildchen vom letzten Urlaubsort Lauenstein und ein leichtes, schlankes Stöckchen, das er sich im Garten aus einer Weidenrute geschnitten hatte. Mein Großvater hat seine Spazierstöcke nur kurze Zeit und den Rollstuhl nie benutzt. Eines Tages fiel er vom Rad und erwachte im Krankenhausbett, aus dem er nicht mehr aufstand.

Aufbewahrt habe ich nur Großvaters Weidenstock, um den sich eine Familienlegende rankt. Meine Vorfahren sollen im 7. oder 8. Jahrhundert aus dem Osten eingewandert sein. Ihr Weg ist gesäumt von Ortschaften slawischen Ursprungs. Ein Fremder, heißt es in der Legende, habe in M. seine Wanderrute in den Boden gesteckt und an jener Stelle sei eine mächtige Weide gewachsen. Ihre Äste hätten sich über Generationen von Forstläufern, Korbmachern, Tischlern, Land- und Ziegeleiarbeitern gestreckt. Ihre Wurzel reiche weit zurück und lasse sich in der Wurzel meines Namens nachweisen.

– **Spazierstock**, *der: Stock mit gekrümmtem Griff od. mit Knauf, der beim Spaziergang das Gehen erleichtert*

Kunst für Könner und Dilettanten

»Pfui!«, werden Sie ausrufen. »Das stille, einsame Örtchen auf der Liste? Welch ein Affront gegen den guten Geschmack! Was für eine undelikate Angelegenheit!« Wer möchte schon ein Plumpsklo, ein Trockenklosett oder einen Donnerbalken in guter Erinnerung behalten?

Aber nun kriegen Sie mal nicht gleich Verstopfung. Ich werde Ihnen mit Maxim Gorki antworten: »Ein mensch… liches Bedürfnis, wie stolz das klingt!« Oder mit Goethe, der immer ein Herz für Gartenhäuschen hatte. Unser mit Witz und Verve beschlagener Klassiker soll einmal folgenden Spruch an die Bretterwand eines Lokus gekritzelt haben: »Selbst in dieser edlen Kunst/Gibt es Könner und Dilettanten,/Die einen treffen mitten 'nein,/Die andern nur die Kanten.« Jedenfalls schrieb mein Großvater, der Erbauer von zwei privaten Toilettenhäuschen (Abort genannt), diese Weisheit dem Geheimen Rat von der Ilm zu. In der Goethe-Gesamtausgabe sucht man den Vers vergebens und auch im Goethe-Lexikon findet er keine Erwähnung. Zwischen Klinger und Klopstock fehlt das Stichwort »Klo«. Auch zwischen Plotin und Plutarch plumpst nichts. Und rein alphabetisch betrachtet, gehörte die klassische Lokuslyrik zwischen die Logengedichte und den Lorbeer. Kein Örtchen,

nirgends. Vielleicht ist sich die Goethe-Forschung nur zu fein fürs Elementare.

Nach Goethe hat vor allem der Dichter Johannes Bobrowski das Plumpsklosett literaturfähig gemacht. So schreibt er in seinem Roman »Levins Mühle«: »Ach laßt ihr mich doch in Frieden, ihr Arschlöcher, sagt mein Großvater, greift sich ein Stück Papier und geht aufs Scheißhaus. Das letzte Mal für heute. Es ist auch schon dunkel.« Ulrich Plenzdorf hat in »Die neuen Leiden des jungen W.« an Goethe und Bobrowski angeknüpft. »Wenn ich mich verflüssigen mußte, mußte ich auch ein Ei legen. Da half nichts. Und kein Papier, Leute«, stöhnt Edgar Wibeau. Weil er nichts anderes findet, greift der jugendliche Aussteiger in seiner Not nach einem Reclamheft – Goethes »Die Leiden des jungen Werthers«.

Vielleicht darf auch ich an dieser Stelle ein bescheidenes Kapitel zur deutschen Lokuspoesie beisteuern: Es war ein langer Weg zum Plumpsklo meiner Großeltern. Ich ging, wenn ich nachts mal musste, in die Natur hinaus. Schloss die Haustür auf, kroch in die Holzpantoffeln, *schützelte* das Scheunentor auf, schlappte über die Tenne, wo die Karnickel in ihren Buchten mümmelten, hakte die Hintertür auf, folgte einem Plattenweg und stand endlich vor dem kleinen *Latrinum*. Eine solide Eigenleistung, fest gefügt und ein wenig geduckt, von zwei Sauerkirschbäumen flankiert. Die Kirschen gediehen üppig, sie hatten den besten Dung. Bis hierher war nachts eine Taschenlampe unentbehrlich. Saß ich erst auf dem Brett mit dem ausgesägten Loch, konnte ich sie getrost ausknipsen. Ich ließ einfach die Tür offen. Der Mond schaute herein und über dem Schuppendach glänzte der ausgestirnte Himmel.

Solche Lokusnächte konnten mild und sommerlich warm, aber auch feucht, windig und im Winter ziemlich frostig sein. Manchmal spürte ich einen eisigen Zug am Hintern und sprang rasch wieder ab. Dann wiederum zirpten die Grillen, schwebten Glühwürmchen vorbei und ich saß und saß und geriet ins Träumen. Nur einschlafen wie der alte Johann in Bobrowskis Roman durfte ich nicht: »Nun könnte er eigentlich aufstehen, aber er bleibt noch sitzen. Jetzt hört er, denke ich, sogar die Nachtigallen. Jedenfalls schließt er die Augen und lehnt sich langsam zurück. Welcher Frieden!« In der Romanverfilmung von Horst Seemann kippt der Großvater, gespielt von Erwin Geschonneck, im Schlaf zur Seite und erwacht mit einem Arm in der Jauchengrube. Es war ein Doppelsitzer …

- **Plumpsklosett**, *das: über einer Erdgrube angelegter Abort (ohne Wasserspülung)*
- **Abort**, *der: wohl aus dem Niederdeutschen., eigtl. abgelegener Ort*

Vorsichtig öffnen, sofort nachzählen!

Wurde sie tatsächlich von Knastbrüdern geklebt? Warum hatte man stets das Gefühl, dass sie zu dünn sei? Und was wurde aus ihr, nachdem man sie geleert hatte? Die Lohntüte ist ein Relikt aus dem Zeitalter der Stechuhr und der manuellen Geldauszahlung. Ich besitze ein gut erhaltenes Exemplar von meinem verstorbenen Großvater, in dem meine Großmutter noch bis zu ihrem eigenen Ableben die Hochzeitsfotos aufbewahrte. Diese Lohntüte gleicht einem aufrecht stehenden Briefkuvert, ist aus dünnem hellbraunen Papier und auf der Vorderseite bedruckt. Links oben wurde mit Kopierstift der Name des Tagelöhners eingetragen, rechts eine Nummer. Während sich in der oberen Hälfte die abgeleisteten Lohnstunden, Akkordstunden, Über- und Sonntagsstunden sowie, sofern anfallend, eine Teuerungs- und Kinderzulage addierten, summierten sich in der unteren die Abzüge, wie Krankengeld, Lohnteilzahlung und Lehrlingsdepot. Ein Beitrag zur Altersvorsorge ist bei meinem Großvater nicht erfasst, auch keine Strafe. Er hatte vom 18. bis 24. August 1926 insgesamt 48 Wochenstunden in der Ziegelei Muldenstein geschuftet. Sein Krankenkassenbeitrag betrug 60 Pfennig, die Lehrausbildung unterstützte er mit 3,32 Mark. So hätten dem Arbeiter Paul Q. bei einem Verdienst von 21,67 Mark abzüglich 4,23 Mark an jenem Wochenende eigentlich 17,44 Mark ausgezahlt werden müssen. Dank eines Aufrundungsbetrags von 56 Pfennig bekam er ganze 18 Mark auf die Hand. »Vorsichtig öffnen!«, fordert das Fettgedruckte am Tütenrand und: »Sofort nachzählen!«

Die papierne Lohntüte hat es auch nach dem Zweiten Weltkrieg noch in Ost- und Westdeutschland gegeben, mit unterschiedlichem Aufdruck und Inhalt, versteht sich. Normalerweise war die Lohntüte eines Werktätigen in der DDR schmaler als die eines Arbeitnehmers in der BRD, was bei Familientreffen für reichlich Diskussionsstoff sorgte. Denn wenn ein gut verdienender Ingenieur in einem Volkseigenen Betrieb, sagen wir, Tütengröße M oder bestenfalls L hatte, hatte ein VW-Werker oder ein Thyssen-Angestellter mindestens XL, wenn nicht gar XXL. Die Frage, welches Format heute die Mindestlohntüte eines Leih- oder Zeitarbeiters oder eine Spitzenmanagerlohntüte mit Wertpapiereinlage und Bordellzuschlag haben müsste, erübrigt sich, da die Papierhülle, die noch eine gewisse Transparenz vermittelte, im letzten Drittel des 20. Jahrhunderts aus dem Verkehr gezogen wurde.

Zuletzt diente ein handelsübliches Briefkuvert als Lohntütenersatz. In der DDR brauchten Studenten nicht zu jobben, denn der Staat zahlte, sofern das Einkommen der Eltern eine Obergrenze nicht überstieg, ein Stipendium. Zudem konnte man in den Genuss eines Leistungsstipendiums gelangen. Ich erinnere mich, dass die Stipendien Anfang der 1980er Jahre an der Jenaer Universität noch bar ausgezahlt wurden. Der provisorische Kassenraum befand sich im Dachgeschoss des Uni-Hauptgebäudes, über der heutigen Cafeteria. Am Zahltag zog sich die Warteschlange über den Flur und die Treppe hinunter. Wer sich nicht einreihte, kam nicht an seine Moneten. Die Tür zum Kassenraum stand offen. Es gab keinen Schalter, keinen Tresor, keinen Wachmann, nicht mal einen verdeckten Alarmknopf. Da stand nur ein Tisch, hinter dem die Kassenbeauftragte und ihre Assistentin saßen. Vor sich hatten sie die Listen der Stipendiaten und den Karteikasten mit den Umschlägen. »Name?« Man musste seinen Studentenausweis zeigen und den Empfang quittieren, dann bekam man den Umschlag mit dem Geld ausgehändigt. Die Scheine waren glatt und so neu, als kämen sie frisch von der Notenpresse. Wir zählten auch ohne Aufforderung sofort nach. Die leere Tüte landete im Papierkorb.

Es war ein wunderbares Ritual: Wer sein Stipendium in der Tasche hatte, wartete in der Kaffeestube, wo an diesem Tag die Würstchen schon am frühen Vormittag verkauft waren. Nach dem Kaffeetrinken schloss sich ein Bummel durch die Volksbuchhandlung und die Schallplattenabteilung des Musikfachgeschäfts an und am Abend gab es im Studentenklub eine Lohntütenfete bei Bier und heißer Rockmusik.

Von einem Tag zum andern wurde die Lohnbuchhaltung auf EDV-Basis umgestellt. Die Stipendiaten, Mitarbeiter und Angestellten der Universität mussten, um weiterhin an ihr Geld zu kommen, bei einer Sparkasse oder Bank ein Konto eröffnen. Die Kassenbeauftragte verteilte keine Tüten mehr, sondern fütterte nun von ihrem Büro aus den Zentralrechner. Der Bankauszug, ein schmaler, mit Beträgen bedruckter Papierstreifen, zog in unser Leben ein und der Zahltag wurde aus dem Kalender gestrichen.

– **Lohntüte**, *die: bis in die 1960er, in der DDR sogar 1980er Jahre gebräuchliche Papiertüte, in der bar der Lohn eines Arbeiters od. Angestellten steckt u. auf der die Abrechnung (Bruttolohn, Abzüge u. Nettolohn) notiert ist*

– **Stechuhr**, *die: Uhr, ursprünglich Stempeluhr, die Arbeitsbeginn u. -ende von Betriebsangehörigen od. Büroangestellten aufzeichnet*

Oh Baby, Baby, what a Balla!

Der Partykeller ist infolge des Wirtschaftsaufschwungs der 1960er und 1970er Jahre aus der Hausbar hervorgegangen, die vom Wohnzimmer ins Kellergeschoss versetzt wurde. Vermutlich, um die bei ausgelassenem Feiern kaum zu vermeidenden Kollateralschäden zu begrenzen. Es gab ihn von der rustikalen Bauernstube über den Westernsaloon mit Schwingtür bis zum exotisch tapezierten Karibik-Café in vielerlei Varianten. Er war der Nachtklub des kleinen Mannes, den man ohne Schlips und in Hauslatschen besuchen konnte. Für die Getränke und Unterhaltung der Gäste, die aus der Familie, dem Arbeitskollektiv oder der Nachbarschaft kamen, sorgte man selbst. Leider waren meine Eltern ausgesprochene Partymuffel. Bei uns wurden lediglich runde Familiengeburtstage zelebriert, bei Kaffee und Sahnequarktorte am Esstisch im anheimelnden Schrankwandambiente. Der Keller gehörte den Kohlen und Katzen.

Umso plastischer erinnere ich mich an eine Fete, zu der ein Mitschüler eingeladen hatte. Axels Eltern waren übers Wochenende verreist; er hatte die Erlaubnis, mit uns im Keller zu feiern, und zum ersten Mal waren auch Mädchen dabei. Eine Holztreppe führte vom Hausflur steil nach unten. Der Partykeller war fensterlos und hatte Betonwände, die genügend Lärmschutz boten. Hier konnte man es richtig krachen lassen.

Anfangs saßen wir schüchtern an der holzgetäfelten, mit Fischernetzen, Reusen und Muscheln dekorierten Bar und tranken Cola-Wodka aus der Flasche. Die Mädchen saugten irgendeinen Mix mit dem Strohhalm. Als Axel das Band mit den Les Humphries Singers auflegte, rutschten sie von den Barhockern und begannen, sich auf dem Teppichboden rhythmisch zu bewegen. Wir Jungs stritten laut, welcher Beat-Guru der genialere sei, John Lennon oder Mick Jagger. Dabei ließen wir die Weibchen nicht aus den Augen. Unsere Blicke kreuzten sich immer wieder bei der kleinen Blonden mit den knallroten Lackstiefeln. Auf Mandy waren wir alle scharf, doch keiner traute sich, mit ihr zu tanzen. Axel hatte die dritte Cola-Wodka geleert, als er das Tonbandgerät ausschaltete und »Flaschendrehen!« rief. Wir ließen den Zufall entscheiden. Das ging eine Weile gut. Doch weil das Glück seinen jüngeren Bruder Jörg bevorzugte, der gleich zweimal hintereinander mit Mandy tanzen durfte, einmal sogar zu »Bridge Over Troubled Water« von Simon und Garfunkel, unterbrach Axel das Prozedere und drehte die Hi-Fi-Anlage voll auf. Aus den Boxen schepperte »My Baby, Baby, Balla Balla«.

Mittlerweile hatten wir genügend getankt, um uns ungeniert beim Rock'n'Roll zu verrenken, im Pulk und immer dicht um Mandy herum. Im Partykeller konnte man richtig ausflippen, auch wenn die Decke niedrig war und man sich dauernd an der durchgesessenen Polstergarnitur von Axels und Jörgs Eltern stieß. Wenn die Rainbows zum Refrain ansetzten, fielen wir lauthals ein, gingen dabei in die Knie und bogen den Oberkörper weit nach hinten. »Balla Balla Balla Balla Balla …« Und gleich noch mal: »Balla Balla …« Das entsprach vielleicht nicht dem intellektuellen Niveau, auf dem wir uns als Abiturienten wähnten, doch wenn ich mir vorstelle, was die Erwachsenen hier so trieben, sehe ich es gelassen: Kampftrinken, Russisch Roulette, Flaschendrehen mit Ausziehen, Partnertausch … Denn das war der Partykeller doch auch: ein Sündenpfuhl.

Unsere Fete gipfelte in einer Prügelei. Als Axel sah, dass sein Bruder mit Mandy knutschte, machte er das Deckenlicht an. Jörg ließ die Kleine los und stand einen Moment da wie ein begossener Pudel. Dann aber sprang er auf einen der Sessel und tat, als würde er Gitarre spielen. Dazu röhrte er: »Oh Baby, Baby, Balla Balla/in deiner Hose sitzt ein Knaller/und wenn der Knaller explodiert,/dann ist der Axel schön blamiert …« Im Folgenden gingen mehrere Flaschen und Gläser zu Bruch. Die ineinander verknäulten Brüder rissen die Lichterketten und Netze herunter, fetzten das Juliane-Werding-Poster von der Schilfmatte und wälzten sich in Eier- und Pfefferminzlikör. Mandy flüchtete mit den anderen Mädchen ins Freie. Oh Balla! Wir erlebten leibhaftig die Anfänge der Spaßgesellschaft. Sie kam aus dem Untergrund.

– **Partykeller**, *der: bunkerähnlicher, meist mit Liebe zum gastronomischen Detail ausgebauter privater Rückzugsraum, in dem man ungestört feiern u. auch mal die Sau rauslassen kann*

Auf zum letzten Gefecht!

Das Bleigießen hatte in M. Tradition, doch fand es dort nicht nur zu Silvester statt. Man begann damit schon in den ersten Dezemberwochen. Gegossen wurde auch nicht in kaltes Wasser, sondern in eine feste, verschraubbare Form und heraus kamen keine Orakel, sondern Soldaten Seiner Majestät des deutschen Kaisers. Die Kaiserlichen – Infanteristen mit Pickelhaube und Tornister, stehend oder kniend und zumeist mit angelegtem Sturmgewehr – wurden von leichter Kavallerie unterstützt; berittene Ulanen sprengten mit dem Speer voran auf den imaginären Feind zu.

Die beiden Doppelformen zum Bleisoldatengießen hatte sich mein Großvater erstmals 1938 von Bekannten geborgt; die Soldatenschmiede arbeitete zu später Stunde, damit der Junge nichts merkte. Ein Bleiklumpen wurde in einer Schöpfkelle über der Glut des Küchenherdes erhitzt und das flüssige Blei sodann durch zwei Eingusslöcher in die Form verfüllt. Während das Kind schlief, schmirgelte Großvater die frisch gebackenen Rekruten mit Sandpapier ab und Großmutter verlieh ihren Uniformen mit dem

Pinsel Farbe: Stiefel schwarz, Rock feldgrau, Gesicht und Hände rosa, Gewehrkolben braun. Am Heiligabend stand die erste Abteilung der Armee gefechtsbereit auf dem Wohnzimmertisch – mein Vater, gerade sieben Jahre alt, machte große Augen.

Nicht dass wir eine dem Militarismus verfallene Familie wären! Unter meinen Vorfahren findet sich kein einziger Vertreter des preußischen oder sächsischen Offiziersadels. Beide Urgroßväter väterlicherseits wurden im Ersten Weltkrieg zwangsrekrutiert; der eine kehrte vom Russlandfeldzug mit einer schweren Tuberkulose zurück und ging elendig zugrunde, der andere desertierte 1918 von der Westfront. Mein Großvater hat während des Zweiten Weltkriegs in Bitterfeld Flugzeugteile gepresst, was ihn, da kriegswichtig, vor der Einberufung bewahrte. Seine Brüder wurden an die Ostfront geschickt; dem älteren zerfetzte ein Granatsplitter das rechte Bein, der jüngste ist bei Kursk verschollen. Mein Vater war als Schüler für eine kurze Zeit beim nationalsozialistischen *Jungvolk* und hat nach einer Drillübung ins Bett gemacht, weshalb er nicht im *Volkssturm* gegen die anrückende Rote Armee aufgestellt wurde. Meinen Bruder hat man, nun schon zu Friedenszeiten, wegen akuter Sehschwäche aus der Nationalen Volksarmee (NVA) ausgemustert. Ich musste zwar als Wehrpflichtiger anderthalb Jahre dienen, erlitt aber gleich bei meiner ersten Schießübung ein Lärmtrauma, was mich von weiterem Waffengebrauch befreite.

Doch als Kind war ich General und befehligte Vaters Bleisoldaten. Ich ließ sie, ein Heer von mehr als hundert Mann, im Hof antreten, im Gras anschleichen und sich im Sand eingraben. Ihre Uniformen waren zum Glück verblasst. Denn sie passten genauso wenig in mein Weltbild wie die als Militärstützpunkt dienende Kreuzritterburg mit

Zugbrücke und der schwenkbare Panzerturm von Adolf Hitlers *Westwall*, dessen Geschütz auf Hebeldruck aus der Deckung kam und mit Zündplättchen und Gummipfropfen geladen wurde. Meistens drehten die Kanoniere Däumchen, weil es in der DDR fast nie Zündplättchen zu kaufen gab. Ein Holzlaster mit einer hölzernen NVA-Kanone, die per Gummizug graue Holzstifte verschoss, war kein Ersatz, zumal die Schützen in Sitzhaltung und mit einem Stütznagel im Hintern nicht zum Sturmangriff taugten. Ich weiß nicht mehr, wie das letzte Gefecht ausgegangen ist. Vielleicht haben die Ulanen gemeutert und die Kaiserlichen in die Flucht geschlagen. Oder es gab einen Friedensvertrag mit den ebenfalls in einer Gussform gebackenen Indianern. Die Bleikrieger sind nach und nach im Sand versickert, in den Mauerritzen und auf dem Stallboden verschollen; die Holzkanoniere wurden vom Hund angefressen.

Für kurze Zeit war ich dann noch Häuptling eines kleinen Stammes von Kunststoffindianern, die mit Speeren, Tomahawks und Messern kämpften, und kommandierte zugleich eine gegnerische Horde elastischer Cowboys, Trapper genannt, deren Gewehrläufe sich bogen. Meine Rothäute und Bleichgesichter standen sich im Kinderzimmer im Glasschrank gegenüber, bis der Sohn unserer Nachbarn, der ein paar Jahre älter war als ich, sie mir abluchste. Er gab mir einen großen Stapel russischer Streichholzschachtel-Etiketten dafür und von meinen Eltern erhielt ich, weil ich heimlich mein teures Spielzeug verscherbelt hatte, eine Woche Stubenarrest.

— **Bleisoldaten**, *die: patriotisches, wetterfestes Kriegsspielzeug, das aus geschmolzenem Blei in einer Form gegossen u. bunt angemalt wird*

Skat dreschen bis zum Halleluja

Pate ist ein Ehrenamt in christlichen Kirchen. Dort begleitet der Taufpate den Täufling und fungiert als Zeuge der Sakramentenspendung, weshalb sein Name im Kirchenbuch vermerkt wird. Das Wort leitet sich vom lateinischen *pater spiritualis* beziehungsweise *patrinus* ab, was so viel wie »Mit-Vater« oder altdeutsch »Gevatter« bedeutet. Wer auch immer die Patenbrigade erfunden hat – er muss ein treuer Anhänger des sozialistischen Glaubens gewesen sein. Die Patenbrigade, die es bis zur Wende an allen DDR-Schulen gegeben hat, sollte nicht nur die spirituelle Verbindung der Schüler zu den Werktätigen festigen, sondern auch helfen, sie zu nützlichen Gliedern der Gesellschaft zu formen. Als Grundlage diente der Patenschaftsvertrag, der zwischen der Klasse und der Brigade eines heimischen Produktions- oder Genossenschaftsbetriebes geschlossen wurde.

Unser Pate war der VEB Landmaschinenbau F./Kombinat Impulsa. Eines Tages kam der Patenonkel zur Zeugnisausgabe in unsere Klasse und überbrachte Kampfesgrüße des Proletariats, in dessen Auftrag wir einmal studieren würden. Anschließend berieten wir, wie wir den Kontakt noch enger gestalten könnten. Wir hatten bereits

eine Betriebsbesichtigung und den wöchentlichen Unterrichtstag in der Produktion absolviert. Einige von uns hatten sogar in den großen Ferien an der Presse gestanden, wo Teile für den Exportschlager des Werkes, einen Gurtbandförderer in Leichtbauweise, gefertigt wurden. Niemand verspürte Lust, auch noch seine Freizeit im Betrieb zu verbringen, es sei denn, die Patenbrigade lud uns zu einer ihrer kulturellen Aktivitäten ein. Da kam nur das Skatturnier infrage. Skat war der wichtigste Kulturbeitrag, zu dem sich die Brigademitglieder verpflichtet hatten.

Das Turnier wurde zweimal pro Jahr, im Frühling und im Herbst, ausgetragen. Da es sich um eine innerbetriebliche Verpflichtung handelte, waren Betriebsfremde nicht zugelassen. Aber wir waren ja die Patenklasse! Nach längerer Diskussion durften wir eine Abordnung von vier Skatspielern entsenden. Die Profis lächelten, als unser Häuflein die Kantine betrat. Oberschüler! Man nahm uns nicht für voll. Nach einer kurzen Ansprache und der Ermahnung, sich an die Regeln des Altenburger Skatgerichts zu halten, wurden wir vier Tischen zugelost und dort ging es sofort zur Sache. In der ersten Runde hielt ich mich bedeckt, konnte aber immerhin einen Grand ohne Dreien und, was noch mehr Eindruck machte, ein Null ouvert für mich verbuchen. So wechselte ich als Zweiter an den nächsten Tisch, wo wir dem in der Gesamtwertung führenden, jedoch stark übermotivierten Brigadeleiter sprichwörtlich die Hosen auszogen. Nachdem ich dessen Zehn *geschnippelt* hatte, klopfte mir mein Mitspieler anerkennend auf die Schulter. Der vor Wut schnaufende Brigadier rutschte in die Miesen. In der dritten Runde wurde ich von den proletarischen Skatbrüdern in die Mangel genommen, sodass ich auf Platz vier zurückfiel. Ich schaute mich um. Meine Mitschüler grinsten, offenbar schlugen sie sich ebenfalls wacker.

Was niemand ahnte: Wir hatten heimlich trainiert, denn wir wollten uns nicht wieder blamieren. Beim Volleyball hatten wir haushoch gegen die Patenbrigade verloren, ebenso beim Handball. Also bereiteten wir uns auf das Turnier vor, indem wir uns zu abendlichen Skatrunden im Garten von Jörg K. trafen. Dort ging es proletarischer zu als im Patenbetrieb. Wir tranken Bier und brutzelten Würstchen. Wenn es zu kühl wurde, rückten wir mitsamt dem Holzkohlegrill unters Vorzelt, wo sich bald die Hitze staute. Mit hochgekrempelten Ärmeln, später sogar mit freiem Oberkörper, spielten wir die Nacht im Zelt durch und fuhren morgens von dort direkt in die Schule, wo wir im Unterricht einschliefen. Jörg war der Gewiefteste von uns, er konnte großartig bluffen. Er brachte mir bei, wie man mit nur vier Trümpfen seine Schäfchen ins Trockene brachte. Kurz: Wir droschen zwei Wochen lang Skat bis zum Halleluja und übten sogar Ramsch, obwohl dieser laut Skatordnung nicht zulässig war. Unser Einsatz hat sich ausgezahlt. Jörg K. gewann das Turnier und schleppte den Hauptpreis, einen Riesenschinken und einen Eimer Wurstsuppe, nach Hause. Trotz eines verlorenen Pik Hand ohne Fünfen konnte ich mich auf dem vierten Platz behaupten. Ich erhielt zwei Kilogramm Schnitzelfleisch und einen Eintrag ins Brigadetagebuch.

– **Patenbrigade**, *die: sozialistisches Betriebskollektiv, das die Patenschaft über eine Schulklasse, Sport- od. Kindergartengruppe übernimmt u. diese längere Zeit betreut*

Rocket Man

Obwohl mein Transistorkofferradio bereits auf der Roten Liste steht, muss ich noch einmal von ihm erzählen. Denn es spielt immer noch. Dank seiner Edelholzverkleidung, hinter der ein großer Lautsprecher steckt, erzeugt es einen warmen Klang, den man mit zwei separaten Drehknöpfen für die Höhen und Tiefen noch verfeinern kann. Leider nur mono. Das schmucke Stern-Radio Elite N. (Super), Baujahr 1972, gehört zum Edelsten, das seinerzeit im Geschäft für Rundfunk- und Fernsehgeräte zu kriegen war; dafür hatte ich mein Sparbuch geplündert.

Am wichtigsten war, dass es einen Diodenanschluss für Tonbandgerät und Verstärker besaß. Bis dahin hatte ich im Wohnzimmer vor der Fernsehtruhe meiner Eltern über Mikrofon aufgenommen, denn das integrierte alte Stubenradio besaß keine Buchsen. Ich musste vorsichtig sein, damit Vater nicht merkte, dass ich Westsender hörte. Mein erster Titel war Elton Johns Ballade »Rocket Man«. Ich kniete auf dem Teppich und hielt das Mikro dicht an die Lautsprechermembran. »And I think it's gonna be a long, long time ...« An der schönsten Stelle hupte das Postauto und die Hunde begannen zu bellen.

Radiohören war ein Abenteuer, das für mich schon in der Großelternküche begonnen hatte. Mit dem *Kleinen Pfennig*, *Käpt'n Brise* und anderen Stimmen aus der Kindersendung *Butzemannhaus*. Ich saß mit glühenden Ohren auf der Chaiselongue und vom Geschirrschrank, auf dem das hölzerne, zum Teil stoffverkleidete Röhrenradio thronte, starrte das magische Auge. Seine grüne Pupille floss auseinander und zog sich reptilhaft wieder zusammen, sobald am Knopf für die Senderwahl gedreht wurde.

Was aber selten geschah. Eigentlich nur, wenn ein Fußballspiel oder eine Etappe der *Internationalen Friedensfahrt* live übertragen wurde. Unser Haussender, der zu allen Mahlzeiten und auch beim Kochen, Abwaschen und Saubermachen dudelte, war Radio DDR 1. Neben Schlagern von Michael Hansen, Nina Lizell und Mireille Mathieu brachte dieser Sender von früh bis spät Volksmusik, vor allem Lieder von Herbert Roth, den Großmutter vergötterte. »Kleines Haus am Wald« oder: »Diesen Weg auf den Höh'n/Bin ich oft gegangen./Vöglein sangen Lieder …« Großmutter trällerte gern mit. Da man den Apparat nur erreichte, wenn man auf den Küchenstuhl stieg, blieb die Netztaste stets gedrückt. Zum Abschalten wurde der Stecker neben der Tür gezogen.

An meinem zwölften Geburtstag änderte sich alles: Meine Leipziger Oma schenkte mir einen Taschenempfänger der Marke *Kosmos*. Dem Miniradio fehlte zwar das Auge, dafür hatte es sieben Transistoren. Das Ding aus der Sowjetwelt war quadratisch und wog mit Lederhülle sensationelle 150 Gramm, ein früher Vorläufer des Walkman. Es passte tatsächlich in die Hosentasche. Weil der Lautsprecher aber nur 0,03 Watt Leistung brachte, musste man es dicht ans Ohr halten. Eines Nachts lag ich mit meinem Mini unter der Bettdecke und wurde Zeuge der ersten Mondlandung. Es rauschte so stark im Äther, dass ich mir einbildete, der Kommentator säße mit an Bord von Apollo 8, das den Mond umkreiste.

Mit meinem kosmischen Empfänger konnte ich nun gefahrlos die *Schlager der Woche* verfolgen. Den Jungs, die mit der Kofferheule auf dem Hof herumhingen und laut »Ob-La-Di, Ob-La-Da« von den Beatles hörten, erzählte ich nichts davon. Die hätten sich über meinen schnarrenden Fiffi im Kunstledertäschchen, das an einer Silberkette hing, vermutlich totgelacht. Ich beneidete sie, weil immer Mädchen um sie herumstanden. Als ich mir mein Elite-Radio leisten konnte, war die Zeit zum Gammeln vorbei. Der Ernst des Lebens, wie meine Mutter es nannte, hatte begonnen: Oberschule, Disziplin und Jagd nach Bestnoten. Zu den Hausaufgaben hörte ich *RIAS-Treffpunkt* mit Christian Graf. Allerdings saß ich wegen des immer aufnahmebereiten Tonbandgeräts halb verdreht am Schreibtisch. Sobald die Kinks oder Eric Burdon and The Animals angesagt wurden, sprang ich auf und löste die Pausentaste. Was habe ich mich geärgert, wenn mir der Moderator in den Titel hineinquatschte! Bei *Platten à la carte*, das spätabends auf BBC London kam, konnte man in aller Ruhe ganze Alben mitschneiden. Vater zog, wenn er in mein Zimmer kam, die Stirne kraus, aber nur noch wegen der Lautstärke. Die Beatles wurden mittlerweile auch im Osten gespielt. Die Stones nicht; doch welcher Verächter westlicher Beatkultur merkte schon den Unterschied! Mein kosmischer Mini ist leider verschollen. Das Stern-Radio dudelt, nachdem es mit mir durch die halbe Welt gereist ist, jetzt wieder daheim auf dem Brotkasten. Leider ist vor einiger Zeit das Band für die Frequenzwahl gerissen, sodass wir nur einen einzigen Sender hören. Wie zu Großmutters Zeiten.

— **Taschenempfänger**, *der: analoges Miniradio mit Lederhülle, Knopfzellen u. Wurfantenne zum Empfang von Mittel- und Kurzwelle; neben der Marke »Kosmos« war in der DDR auch der »Mikki« beliebt*

Geschirrbahnhof für zwei

»Den Abwasch mach ich morgen!« Dieser Satz, ein geflügelter Vorsatz, gehört auf die Rote Liste. Abwasch fällt zwar immer noch an, täglich und mehr, als einem lieb ist, doch er erledigt sich ja heute beinahe von selbst. Zumindest hat sich die Frage: »Kümmerst *du* dich um das schmutzige Geschirr oder bin *ich* wieder der Dumme?«, erübrigt. Eine Spülmaschine widerspricht nicht. Sie gehorcht auf Knopfdruck. Im Streit geht es nur noch darum, wer sie nach getaner Arbeit ausräumen darf.

Die Bequemlichkeit zählt zu den wichtigsten Produktivkräften der Menschheit, fördert sie doch den Erfindergeist. Aber kann, nein, *darf* man jeden Versuch, sich vor der Handarbeit zu drücken, wirklich gutheißen? Beim Spülstein, kurz Spüle genannt, kommen mir Zweifel. Das Abwaschen war zwar unbeliebt, aber vielleicht doch keine pure Zeitverschwendung. Zumindest hatte es angenehme Nebenwirkungen. Zum Beispiel konnte man nach einem Winterspaziergang oder einem längeren Aufenthalt im schlecht beheizten Arbeitszimmer die Hände in heißes Seifenwasser tauchen. Finger und Nägel wurden beim Topfauskratzen und Geschirrschrubben gleich mit gereinigt. Und gab es, wenn man sich darauf einigte, dem Abwaschberg gemeinsam zu Leibe zu rücken, nicht auch anregende Gespräche? Man hatte Gelegenheit, in Ruhe den getrennt verbrachten Tag Revue passieren zu lassen, Kommendes zu besprechen oder brühwarm die gerade zu Ende gegangene Party auszuwerten und über die Gäste herzuziehen.

»Schnapp dir mal das Geschirrtuch!«

»Warum immer ich?«

Abtrocknen war eine Strafe; man musste Pfannen, Töpfe und Besteck auf Hochglanz bringen und aufpassen, dass kein Weinglas zerbrach. Und selbst der gewiefteste, mit zwei Geschirrtüchern zugleich hantierende Trockner war noch zugange, wenn der Spüler längst vorm Fernseher saß.

Großer Abwasch, kleiner Abwasch: Der kleine, meist nur ein paar Tassen und Frühstücksteller, wurde gleich unter dem Wasserhahn erledigt. Der große häufte sich und wuchs zu einem kunstvollen Geschirrberg mit Topfkrone. Manchmal schepperte es und ein Teller zersprang auf dem Fußboden, obwohl niemand in der Küche war. Das war dann das Fanal, endlich tätig zu werden.

Gespült wurde schon vor Jahrtausenden bei den alten Römern und Chinesen. Die Urspüle ist aus hartem, hellen Granit oder rotem Sandstein. Man kann sie heute übers Internet beziehen; das Stück kostet – je nachdem, ob Trog oder Doppelbecken, mit oder ohne Auslauf – zwischen 350 und 750 Euro. Jüngere Modelle sind edler, nämlich aus Keramik, Emaille oder Chromstahl, und haben zwei Becken, über die der Hahn schwenkt, mit Griffen für kaltes und heißes Wasser aus der Mischbatterie. Doch selbst die modernste Spüle ist, was ihre Höhe betrifft, nicht für aufrechte Menschen, sondern für sich bückende Haushaltssklaven gemacht.

Meine Großmutter war stolz auf ihren Spül*tisch*. Das war ein großer, hölzerner Küchentisch, der sich nach vorn ausziehen ließ, wobei zwei eingelassene Emailleschüsseln zum Vorschein kamen. Sehr praktisch, allerdings ohne Hahn und Abfluss. Nach jeder Mahlzeit zog Großmutter den Kasten auf und versenkte das Geschirr darin. Mit einem Seufzer: »Ach, den Abwasch mach ich später«, schob sie den Tisch wieder zu. Wahrscheinlich diente dieser großmütterliche Spültisch als Vorbild für den Spülautomaten, in den man ja auch bloß alles hineinstopft, um nicht ständig den Geschirrberg vor Augen zu haben.

Wenn der Automatenbauch voll ist, drehe ich im Besteckkörbchen die Gabeln mit den Zinken nach oben, richte Teller und Töpfe ordentlich aus, damit der Zufluss frei und der Quirl nirgendwo hängenbleibt, und lege die Tablette ein. Klappe zu, Start: Es gluckst, saugt und rumpelt; man kann entspannt vom Sofa aus lauschen. Nach etwa einer halben Stunde wird es still und man glaubt, die Sache hätte sich erledigt. Doch Pustekuchen: Spätestens nach drei, vier Tagen ist der Rest vom sauberen Geschirr im Küchenschrank aufgebraucht, stapelt sich das schmutzige auf der Ablage, und meine Frau fragt: »Sag mal, wann hast du eigentlich das letzte Mal die Spülmaschine ausgeräumt?«

- **Spülstein**, *der: Küchenausguss, meist aus Betonwerkstein od. Keramik, mit flachem Boden, Abfluss u. angebauter schräger Abtropffläche*

- **Abwaschen**, *das: Reinigen des benutzten Geschirrs per Hand in der Spüle od. in einer wassergefüllten Schüssel*

Der Kunde ist Bettler

War es Stollberg oder Wernigerode? Oder Ilsenburg? Wir waren im Harz unterwegs und das Wandern an der frischen Gebirgsluft hatte uns hungrig gemacht. Mittag war schon vorüber, als wir in ein hübsches Restaurant im typischen Fachwerkstil einkehren wollten. Ein Schild, mitten im Windfang aufgestellt, verwehrte uns den Zutritt: »Sie werden plaziert!«

Auch wenn die Schreibweise des Verbs aus heutiger Sicht merkwürdig anmutet – sie war korrekt. Das fehlende »t« wurde im Geist gleich doppelt mitgesprochen, es verlieh dem Spruch eine zusätzliche Schärfe. Sie werden *plattziert*! Das war kein Versprechen, sondern eine Drohung. Die mit Zaun, Stacheldraht und Splitterminen gesicherte Grenze war nah, selbst beim Restaurantbesuch.

Angst hatten wir nicht, waren aber von Kindesbeinen an daran gewöhnt, Weisungen zu befolgen. Also blieben wir vor dem Schild stehen und warteten. Drei, fünf, sieben Minuten verstrichen. Nichts geschah. Niemand kam, um uns die Mäntel abzunehmen. Niemand bat uns in die Gaststube. *Gaststube* – was für ein Hohn! Wartend starrten wir auf die an der Wand hängende Speisekarte, die mit volkstümlichen Preisen lockte. Das Wasser lief uns im Mund zusammen: Schnitzel mit Buttererbsen und Pommes frites – 2,90 Mark. Eisbein mit Salzkartoffeln und Sauerkraut – 3,10 Mark. Rehrücken mit Rotkraut und Klößen – 4,60 Mark ... Als sich nach zehn Minuten noch immer nichts tat, schoben wir uns an dem Schild vorbei, um einen Blick in den Gastraum zu werfen.

Freie Plätze überall. Ein einziger Tisch war besetzt; dort tafelten Leute, die durch ihre Kleidung und ihr Benehmen unschwer als *Westbürger* zu erkennen waren. Sie tranken den besten Wein des Hauses und ließen sich den preiswerten Sauerbraten samt Kartoffelklößen und Grünkohl munden.

Mit rebellierenden Mägen und der geballten Faust in der Tasche traten wir näher. Sofort sprang uns ein Kellner in den Weg.

»Können Sie nicht lesen?«

»Wir würden gern etwas essen.«

»Haben Sie das Schild nicht gesehen?«

»Aber es ist doch alles frei!«

»Mittagstisch war vor zwei Stunden. Unsere Küche hat bis 19 Uhr geschlossen«, erwiderte der Kellner schroff.

Wir blickten zu dem gedeckten Tisch, an dem die in harter Währung zahlenden Brüder und Schwestern zechten. »Offenbar macht der Koch Ausnahmen …«

Abrupt wandte sich der Kellner von uns ab. Jede weitere Diskussion war zwecklos.

Zugegeben, ein leeres Gasthaus bildete im sozialistischen Soljanka- und Schnitzelparadies eher die Ausnahme. Die Kneipen, Grillstuben, Ausflugs- und Fischrestaurants waren zu den Mahlzeiten meist überfüllt, das Schild »Sie werden plaziert!« regulierte den Zustrom und verhinderte, dass die Gäste beim Warten auf einen frei werdenden Tisch dem Personal im Weg standen. Und doch gab es, selbst bei allergrößtem Ansturm, immer ein paar freie Tische, auf denen Klappschildchen verkündeten: »Hier wird zurzeit nicht bedient!« Oder: »Reserviert ab …« Wehe, man ließ sich eigenmächtig dort nieder! Dann konnte man rufen, winken und sich die Finger wund schnippen – für den Kellner war man Luft. Es sei denn, man zog einen jener magischen D-Mark-Scheine aus der Tasche, die alle Ge- und Verbote außer Kraft setzten: »Bedienung!« Sofort eilten mehrere freundliche Kellner herbei. Der Ranghöchste schob das »Reserviert«-Schild beiseite, räumte ab, wechselte das Tischtuch und händigte die Speisekarte aus. »Was wünschen die Herrschaften zu trinken?« Er nahm eine devote, beinahe unterwürfige Haltung an. »Wenn ich Ihnen etwas empfehlen darf: Wir haben Radeberger Pils, ein Exportbier erster Güte …«

An den Nachbartischen wurde laut gemurrt. »Unverschämtheit! … nach uns gekommen! … wohl was Besseres…? Radeberger steht gar nicht auf der Karte … Herr Ober, das Beschwerdebuch bitte!« Für Ansinnen dieser Art waren die Kellner taub. Es machte keinen Sinn, auf die Barrikade zu steigen, denn die Allmacht der despotischen Trinkgeldnehmer war nicht zu brechen. Man bekam nur Magenschmerzen oder wünschte sich ein Nudelholz, um auf sein Gastrecht zu pochen.

- – »**Sie werden plaziert!**«: *Schild am Eingang von Gaststätten, Restaurants u. Cafés, das den Zustrom der Gäste regulieren soll*

Schöpfung in der Finsternis

Es klopft. Meine Frau fragt: »Darf ich reinkommen?«

»Jetzt nicht.«

»Ich muss aber mal an den Kühlschrank.«

»Das geht leider nicht.«

»Was heißt hier: geht nicht! Wir haben noch kein Abendbrot gegessen und das Kind muss ins Bett. Weißt du überhaupt, wie spät es ist?«

Ich kann im Moment nicht auf die Uhr schauen, doch unseren Sohn habe ich nicht vergessen. Gerade leite ich im Schimmer der Rotlichtlampe seine Wiedergeburt ein; er schwimmt, unsichtbar noch, vor mir im Entwickler.

»Mach doch mal Pause!«, zischt vom Flur her meine Frau. »Seit Stunden blockierst du die Küche.«

»Gleich«, versuche ich zu beschwichtigen, »ich bin gleich so weit. Ich sage Bescheid, wenn ihr wieder reinkönnt.«

Der Allmächtige hat, als er die Welt erschuf, erst nach sechs Tagen ausgeruht. Ein bisschen fühle ich mich wie Gottvater, der im Küchenlabor eine Welt aus Schwarz-Weiß-Bildern schöpft. Mein Blick haftet auf dem Papierbogen in der Schale. Vorsichtig schwenke ich ihn mit der Fotozange in der nicht ganz klaren Flüssigkeit, bis sich zarte Umrisse abzeichnen: Nase, Augen, Brauen, zwei Zahnreihen mit Lücke und eine breite, sehr helle Fläche unter dem Haaransatz. Der Rest folgt mit einem Schub. Plötzlich ist der ganze kleine Kerl da. Er hat das Kinn kess auf die Tischplatte gestützt, trägt einen turbanartigen Verband um den Kopf und grinst mich an. Das Foto war aufgenommen worden, nachdem unser Sohn im Kindergarten mit dem Roller gegen die Hausecke gerast war; die Wunde musste genäht werden. Vorsichtig greife ich das Bild an einer Ecke, ziehe es heraus und lasse es abtropfen. Kurzes Zwischenbad im Wasser, dann in die Schale mit dem Fixiersalz und Deckenlampe an. Im Hellen betrachtet, zeigen sich kleine Mängel: Das Gesicht ist zu weich und leicht körnig, der Hintergrund zu blass. Ich muss die Belichtungszeit ändern oder nochmals die Papiersorte wechseln. Also Licht aus und wieder von vorn …

»Hast du denn keinen Hunger?«, fragt meine Frau.

»Doch.«

»Dann mach endlich Schluss!«

Das sagt sich so leicht dahin. Zwar knurrt mir der Magen, doch so ein Entwicklungsprozess lässt sich nicht einfach abbrechen. Nach neuerlichem Versuch, den Papierabzug zu optimieren, öffne ich – nein, nicht die Küchen-, sondern die Kühlschranktür und schiebe mir ein Würstchen in den Mund. Ich wische die Hand an der Hose ab, lösche das Licht und taste nach dem Fotokarton.

Das ist jetzt über 20 Jahre her. In jener Nacht habe ich zum letzten Mal unsere Küche als Dunkelkammer missbraucht, zum Leidwesen meiner Familie. Die Schöpfung war noch Handarbeit und fand die meiste Zeit im Finstern statt. Vergrößerungsgerät, Fotoschalen, Wassereimer – alles stand dicht beieinander. Es roch wie im Chemiekombinat, besonders im Sommer, wenn die Hitze die Reaktionen beschleunigte und sich ungesunde Dämpfe unter der Zimmerdecke stauten. Trotzdem war die Küche der ideale Ort für meine Foto-Experimente. Es gab warmes Wasser, einen Abfluss und noch genug Platz für das Tonbandgerät, auf dem die Bänder mit Deep Purple, Jethro Tull und Led Zeppelin liefen. Das Atmen fiel schwer, denn ich konnte das einzige Fenster nicht öffnen, es war mit Decken verhängt.

In der Dunkelkammer merkte man nicht, wie die Zeit verging. Ich musste nur ab und zu das Tonband wechseln. Ansonsten rackerte ich bis zur Erschöpfung, nur um kein weiteres Mal die Küche umräumen und frischen Entwickler anrühren zu müssen. Im diffusen Rotlicht weiteten sich meine Pupillen, die Konzentration ließ nach und es schlichen sich Fehler ein. Mal belichtete ich zu kurz, dann wieder zu lange, der Abfalleimer quoll über. Verdammt! Vor allem durfte man nie vergessen, vorm Lichtmachen die Packung mit dem Fotopapier zu verschließen.

Wieder klopft es. »Darf ich reinkommen?«

Diesmal ist es die verschlafene Stimme meines Sohnes.

»Gleich«, sage ich und unterdrücke ein Gähnen. Wie im Tran fische ich die letzten Abzüge aus dem Fixierbad und versenke sie zum Wässern im Eimer. Dann reibe ich mir die verquollenen Augen. Müde, doch zufrieden zwänge ich mich an der Wäscheleine vorbei, an der die Ergebnisse meiner Arbeit trocknen, und schließe endlich die Tür auf. Der Junge tappt im Schlafanzug herein und freut sich über sein A4-großes Heldenbild mit Kopfverband, das sechsfach von der Leine grinst. »Kann ich eins haben?« – »Klar, sobald die Abzüge trocken sind.« Ohne ein weiteres Wort nimmt er die Milch aus dem Kühlschrank und trinkt aus der Flasche. Ich entferne die Verdunklung vom Küchenfenster und kneife, vom Morgenlicht geblendet, die Augen zusammen.

»Wie spät ist es?«

»Weiß nicht. Machst du mir Mehlsuppe zum Frühstück, Papa? Mama ist schon weg.«

– **Dunkelkammer**, *die: fensterloser od. abgedunkelter Raum, in dem per Handarbeit Fotoplatten u. Rollfilme entwickelt bzw. kopiert, Negative vergrößert u. Papierabzüge auf chemisch-physikalischem Wege hergestellt werden*

Schwer wie Blei,
dick wie Panzerglas

Kurz vor Weihnachten führte mich meine Mutter zur Schrankwand, in der sie den Familienschatz verwahrte. »Wie gefallen dir diese Gläser?« Sie zeigte auf eine Reihe rustikaler, geschliffener Glashumpen und gab mir einen davon in die Hand. »Was glaubst du, was das hier kostet?« Ich hatte keine Ahnung. Ich fand das Glas plump und unhandlich, ein Trinkgefäß für Neureiche. Doch wagte ich nicht, dies meiner Mutter gegenüber deutlich genug zu äußern. Prompt bekam ich sie zum Fest, alle sechs. Ich brauchte den Karton gar nicht zu öffnen; ich merkte schon am Gewicht, dass es die Kristallgläser waren. »Freust du dich denn gar nicht?« Natürlich wollte ich meine Mutter nicht enttäuschen und packte sie aus: hochstielige, kostbare Exemplare mit zweierlei eingraviertem Muster, geriffelt und gewabt. Wir tranken den ganzen Abend *Rosentaler Kadarka* daraus. Am nächsten Morgen hatte ich einen Brummschädel und einen schweren Arm.

Kristallglas war der letzte Schrei. In beinahe jedem Wohnzimmer standen die dickwandigen Vasen, Aschenbecher und Obstschalen herum, mit denen man einen Einbrecher hätte erschlagen können. Doch sie galten als kostbar und schick. Egal, wohin man kam, immer empfing einen derselbe Anblick: Couchgarnitur, Schrankwand, Kristallglas-Ensemble. Einige der bleischweren Stücke wirkten sogar filigran, waren bunt wie Kirchenfenster und wenn man sie gegen das Licht hielt, funkelten sie.

Unser erstes Kristall brachte Vater von einer Moskauer Dienstreise mit. Er tat geheimnisvoll und als er die

Gläser aus der *Prawda* wickelte, glaubten wir für einen Moment, er hätte die Schatzkammer des Kremls ausgeraubt. Mit seiner dicken Fellmütze sah er aus wie ein Bojar, der triumphierend seine Kriegsbeute vor uns aufreihte: rubinrote gläserne Pokale. Sie wurden mit süßem Krimsekt geweiht. Meine Mutter spülte und polierte sie anschließend und stellte sie in die Schrankwand. Mit den Jahren kamen weitere Schätze hinzu, erworben bei Besuchen in den befreundeten Ländern, vor allem in Polen, der ČSSR und der Sowjetunion. Die Gläser staubten die meiste Zeit vor sich hin und wurden nur benutzt, wenn Gäste kamen. Dann tranken wir Sekt aus azurblauen und smaragdgrünen Kelchen und Rotwein aus prächtigen Römern.

Einmal habe ich meine Mutter im Flugzeug nach Budapest begleitet. Von dort wollte sie mit dem Bus weiter über Land, um einen ihrer Zwergspitze an einen ungarischen Züchter zu verkaufen. Der Hund hieß Hardy, saß mit eingeklemmtem Schwanz in seiner Transportkiste und winselte vor Angst. In Berlin-Schönefeld weigerte sich der Kapitän unserer Interflug-Maschine, das Tier an Bord zu nehmen. Nach langer Diskussion durfte der Spitz dann doch mit, sollte aber statt in der Kabine im nicht klimatisierten Frachtraum reisen. Das hätte meine Mutter aus Angst um das Tier nicht überlebt und unsere Kristallglassammlung wäre nicht um ein Dutzend exorbitanter Exemplare gewachsen. Zum Glück gelang es den Stewardessen, ihren Käpt'n umzustimmen. Die ganz in Rot gekleideten Damen mit den feschen Interflug-Käppis fanden den Spitz so entzückend, dass ihn meine Mutter während des Fluges aus der Kiste holen und mit ihm an der Leine zwischen den Sitzreihen paradieren musste. Die Mitreisenden klatschten Beifall. Kein Wunder, denn Hardy war ein Siegertyp. Er hatte auf Rassehunde-Ausstellungen schon in der Jugendklasse das Prädikat »Vorzüglich« errungen. In der Puszta wurde er dann gegen zwei Kartons mit buntem Bleiglas getauscht.

– **Kristallglas**, *das: aus Kieselsäure, Pottasche u. Bleioxid erschmolzenes Glas (Bleiglas) mit hohem spez. Gewicht, das geschliffen als Schmuck (Edelsteinimitation) u. Geschirr Verwendung findet*

Leuchte, mein Stern, leuchte!

»Das heißt nicht Birne, sondern Lampe! Glüh*lampe*!«
Immer wieder wurde ich belehrt – vom Lehrer, von der
Verkäuferin, von meinem älteren Bruder. Doch Birne blieb
für mich Birne, schon wegen ihrer runden, sehr weibli-
chen Form. »Im Licht der nackten Birne« – das ist Poe-
sie. Lampe ist das sich modisch verändernde Drumherum
mit Schirm, Ständer oder Stiel. Die aus dem 19. Jahrhundert stammende Glühbirne gehört zu den größten Errungenschaften des Industriezeitalters. Im Gegensatz zu der
robusten Dampfmaschine ist sie zart und zerbrechlich. Ihr
Geheimnis besteht aus einem sehr feinen Draht, dünner als
ein Frauenhaar, der elektrisch zum Glühen gebracht wird.
Sie hat nicht das ewige Leben, denn der Draht ermüdet
und reißt irgendwann. Dann erlischt, manchmal mit einem
seltsamen Laut, die Birne in einer winzigen Rußwolke.

Aber noch steckt sie vielerorts mit dem Hals in der
Fassung, aus der sie für immer herausgeschraubt werden
soll. Nach mehr als 170 Jahren hat man begonnen, die gute
alte Leuchtvettel in den Ruhestand zu entlassen: zuerst die
strahlende 100-Watt-Birne, dann deren 75er Schwester;
2011 wurde auch die 60-Watt-Birne vom Markt genommen. Das hat der Europäische Rat beschlossen – im kalten
Licht der Sparlampe. Was man der Glühbirne vorwirft? Sie
sei ineffizient und verschwenderisch, denn sie setze nur
fünf Prozent des verbrauchten Stroms in Helligkeit um.
Also, wenn das die offizielle Begründung sein soll, müsste
sich mancher Politiker gleich mit auslöschen.

Was ist verwerflich, wenn man sich fürs Gemeinwohl
verschwendet? Ich kenne keine andere Lichtquelle, die so
sinnlich ist. Vielleicht noch das Glühwürmchen, das uns in

milden Sommernächten umschwirrte, aber auch schon so gut wie ausgestorben ist. Deshalb heißt sie doch *Glüh*birne, weil sie glüht und eben nicht nur leuchtet. Wir sollten uns ihren gelben Schein bewahren, als Glühwurm für unsere Seele.

Seit meine Frau von ihrem mehrjährigen Finnland-Aufenthalt zurück ist, knipst sie jeden Morgen alle Lichter an – erst im Schlafzimmer, dann im Flur und im Bad, dann auf der Treppe, schließlich in der Küche und auf der Terrasse. Unser Heim erstrahlt so hell wie einst *Erichs Lampenladen*, der in Erich Honeckers Regierungszeit erbaute Ostberliner Palast der Republik. Wer den skandinavischen Winter mit seinen endlosen dunklen Nächten und im Nu verdämmernden Tagen erlebt hat, weiß diese Lichttherapie zu schätzen. Deshalb sage ich auch nichts. Ich gehe nur stumm hinter meiner Frau her und knipse die Lampen wieder aus; es müssen ja nicht alle gleichzeitig brennen. Vor der Sparlampe überm Esstisch halte ich inne. Sieht so unsere von Sparzwängen diktierte Zukunft aus: ein Tasten im Halbdunkel und ein Leben im kalten, quecksilbrigen Neonschein? Die Sparlampe verschwendet meine Zeit, denn sie braucht eine Ewigkeit, bis sie so hell ist, dass man die Zeitung lesen kann.

Meine Frau will sich nicht die Augen verderben. Abends verschanzt sie sich in ihrer *Lichterburg*, dem Arbeitszimmer unter dem Giebel, wo zur dunklen Jahreszeit eine

Decken-, eine Steh- und zwei Schreibtischlampen um die Wette brennen. Auf den Dachfenstern wölbt sich bläulich der Schnee und zwischen den auf dem Teppich verstreuten Büchern, Folien und Heften liegt zusammengerollt die Katze. Paula schnurrt, denn die Birnen erzeugen das Licht eines ganzen Glühwürmchengeschwaders und heizen wie ein Kanonenofen. Leuchte, mein Stern, leuchte! Ich wage es nicht, auch nur eine dieser Lampen auszuknipsen. Sollen sie doch vor Freude durchbrennen, wir sind gewappnet: Im Umkreis von 30 Kilometern haben wir alle Glühbirnen aufgekauft, die noch zu kriegen waren. Sie lagern im Keller unseres heimischen Lampenladens.

— **Glühbirne**, *die: Lichtquelle mit einem durch elektr. Strom zur Weißglut erhitzten Glühfaden; als Erfinder der Glühbirne gilt u. a. der Amerikaner Thomas Alva Edison (1847–1931); 1935 präsentierte der Schotte J. B. Lindsay als Erster ein beständiges elektrisches Licht.*

Schade um den schönen Cognac

Eine Maus im Haus? Unmöglich! Wir haben doch eine Katze. Aber es raschelt im Küchenschrank, knistert unter den Dielen und nagt auf dem Dachboden. Die Müslipackung ist angefressen, der Käse hat mehr Löcher als erlaubt und in den Zimmerecken liegt spitziger Mausedreck. Paula, walte deines Amtes! Doch die Katze, einst zuverlässigste Mausefalle der Welt, räkelt sich satt auf der Couch. Als ich es wenig später im Keller in der Papierkiste rascheln höre, schnappe ich mir Paula, stecke sie hinein und schließe den Deckel. Ein paar Minuten lang rumpelt es im Karton, dann Stille. Vorsichtig lüpfe ich den Deckel. Die Maus schlüpft zwischen meinen Armen ins Freie, die Katze hockt traumatisiert am Kistenboden.

Eine richtige Mausefalle muss her. Im Baumarkt gibt es noch die kleinen traditionellen Fanggeräte, auf deren hölzernem Untersatz ein Metallbügel mittels einer Feder gespannt wird. Ihr Prinzip ist einfach: Ein beweglicher Teil vom Brettchen besitzt eine Öse, in die man den Haken lose einhängt. Wenn die Maus, um an den Speck zu gelangen, auf das Brettchen drückt, schnappt der Bügel herum und quetscht ihr das Genick. Mein Großvater hatte, um der ländlichen Mäuseplage Herr zu werden, ein Dutzend Fallen über das Waschhaus, den Keller und den Dachboden verteilt. Ehe unsere Maus zu hecken beginnt, besorge auch ich mir so ein Ding, pieke Speck auf den Nagel und spanne vorsichtig den Bügel. In der Nacht werde ich von lautem Jaulen geweckt. Paula ist mit ihrer rechten Vorderpfote in die Falle getappt.

Ich verbinde der Katze die Pfote. Das Maus-Trauma hat jetzt auch mich fest im Griff. Im Internet werden

Spezialfallen aus Fichte und Zinkdraht angeboten – zum Lebendfang. Doch was hilft es, wenn ich die Maus fange und aussetze und sie mir am nächsten Tag wieder frech in die Stube spaziert? Die Mäuse werden klüger und die Fanggeräte immer komplizierter.

Auf einer Hobby-Website stoße ich auf die Bauanleitung für eine Hightech-Mausefalle: »Ein Sieb aus einer Friteuse mit etwa 20 Zentimeter Durchmesser hängt in etwa fünf Zentimeter Höhe über einer Holzplatte. In der Mitte befindet sich eine senkrechte Lichtschranke, bestehend aus einer Infrarotdiode und einem Fototransistor. Wird diese unterbrochen, wird das Sieb mit einem Elektromagneten ausgeklinkt, fällt herunter und rastet unter zwei seitlich angebrachten Blattfedern aus Kunststoff auf der Grundplatte ein.« So weit, so klar. Aber was soll dieser Zusatz? »Außerhalb des Siebumfangs hat die Platte ein Loch, in das eine Milchpfandflasche eingeschraubt werden kann. Wird dann das Sieb in diesen Bereich der Platte verschoben, wird der Eindringling, der üblicherweise schon einige Stunden erfolglos versucht hat, seinem Gefängnis zu entkommen, diesen Weg nach unten als letzte Chance probieren«, prophezeit der Bastler. Was er mir nicht verrät: Wie entsorgt man die erschöpfte Maus in der Flasche?

Katz und Bio-Falle zum Trotz, die Maus nagt weiter an unseren Vorräten. Ich erzähle meinem Freund Landolf davon. Wenn gar nichts hilft, rät der schriftstellernde Waldschrat, musst du eben selbst zum Jäger werden. Aber sei vorsichtig! Der Mann spricht aus Erfahrung. Jene Maus, die er einst in seinem kleinen Berghäuschen jagte, war pfiffig und ihm stets einen Schritt voraus. Erst fraß sie nur den Schinken und den Käse, dann sogar seine Manuskripte an. Sie kannte bald alle seine Stärken und Schwächen. Weil dem Nager weder mit List noch mit handelsüblichen Fanggeräten beizukommen war, versuchte Landolf es mit Bestechung. Um den Käse zu schützen, schrieb er der Maus einen Zettel: »Liebe Maus, dieses Brot hier ist für dich«. Die Maus rührte das Brot nicht an, sie verspeiste den Zettel. Da setzte sich der verzweifelte Autor mit einer Flasche guten französischen Cognacs in der Speisekammer auf die Lauer und ließ, als es im Dunkeln raschelte, die Flasche niedersausen. Die Pulle zerbrach und die Maus verröchelte in der Schnapslache. Leider die falsche. Am nächsten Morgen lag in der Küche neben dem frisch angenagten Käse ein Zettel: »Schade um den schönen Cognac!«

– **Mausefalle**, *die: mechanische Vorrichtung zum Fangen von Mäusen – tot od. lebendig*

Born to be wild

Wir stiegen in Bad Düben aus dem Zug, fuhren mit dem Omnibus weiter und liefen das letzte Stück durch den Wald. Das Dorf bestand nur aus einem Gasthof, um den sich drei bis vier Bauernhöfe gruppierten. Was außer uns kaum jemand wusste: Die Kneipe diente als geheimer Umschlagplatz für fabrikneue Simson-Mopeds, die man im Handel nur nach jahrelanger Anmeldung, über den Wirt jedoch sofort bekam, gegen einen gepfefferten Aufpreis, versteht sich.

Das Erste, was ich im Schankraum erblickte, war aber eine Musicbox der Firma *Sachsenklang*. Auch wenn sie nicht, wie die Jukebox, ihre fesche Schwester im Westen, mit blinkenden Autorücklichtern, Haifischflossen oder poppigen Beatles-Konterfeis lockte, kam man nur schwer an dem bauchigen Möbelstück vorbei. Hinter der Plexiglasscheibe drehte sich unter dem Tonabnehmer eine Vinylplatte. »Da war Gold in deinen Augen, Gold auf deinem Haar«, sang Frank Schöbel. Mein Freund grinste. Ich sah mich nach dem Wirt um, der am Tresen stand und Bier zapfte. »Bestell ihm Grüße von mir«, hatte mir mein Leipziger Onkel eingeschärft, »und folge seinen Weisungen.«

Ich brachte nur ein kleinlautes »Guten Tag« heraus, auf das niemand reagierte. Verlegen standen wir vor der Musicbox und studierten die Titel. Es waren zwei Dutzend bekannter Schlager wie »Wunder gibt es immer wieder«, »Mädchen mit roten Haaren« oder »Der Puppenspieler von Mexiko«. Dann traute ich meinen Augen nicht: Unter Nummer sieben stand »Born To Be Wild«, die Rockerhymne für alle Motorradfreaks. Offenbar hatte der Kneipenbesitzer auch Beziehungen nach Ungarn, wo man Westplatten frei kaufen konnte. »Na, nun werft schon eure Groschen ein«, rief der Wirt. Wir ließen es klimpern, drückten die Taste und setzten uns. »… dass kein Tag so herrlich war, herrlich wa-ha-ha-har!«, schluchzte Frank Schöbel. Dann ein Knacken. Die Amiga-Single wurde abgehoben und zurück ins Depot gerollt, wo der mechanische Arm nach Steppenwolf griff. Im Lautsprecher knisterte es, ehe schrill und metallisch die Gitarrenriffs anschlugen.

Der Wirt stellte unaufgefordert zwei Helle vor uns hin und fragte: »Darf es noch was sein?« Ich blickte meinen Kumpel an, der stieß mir in die Seite. Stammelnd richtete ich die Grüße meines Onkels aus und murmelte: »Wir wollen den *Habicht* abholen.«

»Soso, den Habicht«, brummte der Wirt. Er musterte uns. Mein Freund war zwar ein ganzes Stück kleiner als ich, doch wir waren beide 16. Auch die Stammtischbrüder starrten jetzt herüber. Ich nippte am Bier und mir wurde flau im Magen. Man konnte es wenden, wie man wollte, es blieb ein heikles Geschäft, das der Onkel für mich eingefädelt hatte. Er hatte seinen Bungalow auf dem nahe gelegenen Zeltplatz und vermutlich schon das eine oder andere Ding mit dem Mopedbeschaffer gedreht.

»Na, dann kommt mal mit«, sagte der Wirt, wischte sich die Hände an der Schürze trocken und wandte sich zur Tür. Wir folgten ihm, vorbei an der Musicbox. »Like a true nature's child/We were born, born to be wild …«, schmetterte John Kay, der Sänger von Steppenwolf.

Das Moped stand im Schuppen. Mit einem Ruck zog der Bierzapfer die Plane herunter. Der Habicht war zwar keine *Harley-Davidson*, doch er blitzte und lachte mich jungfräulich an. Ein Feuerstühlchen in den Farben Beige und NVA-Grün. Seine schwarze Sitzbank reichte bis an den 9,5-Liter-Tank. Immerhin verkörperte der Habicht die

Königsklasse in der Suhler Vogelserie, war eleganter als die mit einem Windschutz versehene *Schwalbe* und dank seines 3,4-PS-Zweitaktmotors leistungsstärker als der *Star*. Im Gegensatz zum *Sperber*, für den man einen Motorradführerschein benötigte, durfte man ihn mit Mopedfleppen und ohne Kennzeichen fahren.

Ich tastete das Maschinchen mit den Augen ab; keine Schramme, keine Spur von Schmutz, lediglich ein blasser Fleck unter dem Tankdeckel, den der Wirt mit dem Ärmel wegputzte. »Kickstarter, Blinklichter, Tacho, verchromter Rückspiegel – bitte sehr«, sagte er. Mein Begleiter, der bereits stolzer Besitzer eines Habichts war und den ich gebeten hatte, bei dem Deal dabei zu sein und mich nach Hause zu chauffieren, kontrollierte jede Einzelheit. Er schraubte sogar die Zündkerze heraus, um sie im Schein der Glühbirne zu begutachten. Dann blieb sein Blick am Tankdeckel hängen.

»Benzin?«, fragte er.

»Klar«, erwiderte der Wirt.

Ich gab ihm den Umschlag mit den 1.430 DDR-Mark, die ich mühsam gespart hatte, und blätterte ihm zusätzlich vier Fünfziger auf die Hand. Wortlos versenkte er das Geld in der Hosentasche und überließ uns Zündschlüssel und Papiere.

Ich war blank, doch der Habicht gehörte jetzt mir. Stolz schob ich das Moped auf den Hof. Mein Freund trat den Kickstarter durch und ließ den Motor im Leerlauf aufheulen. Er fuhr eine Runde

ums Haus, beschleunigte und bremste scharf. Schließlich nickte er, bockte das Krad auf und zog den Zündschlüssel ab. Wir kehrten in den Schankraum zurück, um den Kauf mit Bockwurst und Cola zu besiegeln. Als wir aufbrechen wollten, besann ich mich der Musicbox. »Einen Moment«, rief ich und warf zum Abschied nochmals zwei Groschen ein. »Born to be wi-hi-hi-hild«, hallte es uns nach.

Die Heimfahrt vergesse ich nie. Wir brausten mit 60 Sachen über die Autobahn. Der Fahrtwind pfiff, unsere Mähnen flatterten und wir hatten John Kays Stimme im Ohr: »Get your motor runnin'/Head out on the highway/ Looking for adventure ...« Ich fühlte mich wie der Held in dem Hollywood-Film »Easy Rider«. Noch heute Abend wollte ich ein paar Runden drehen und in der Schule würden sie morgen staunen, wenn ich mit meinem Habicht vorfuhr. Doch das Hochgefühl verflog. Plötzlich stotterte der Motor und ging aus. Mein Freund rollte auf den Seitenstreifen. Ohne in den Tank zu blicken, wussten wir, dass er leer war und der Wirt uns übers Ohr gehauen hatte.

- **Musicbox**, *die: Automat, der nach dem Einwurf von Münzen eine od. mehrere Single-Schallplatten abspielt; die Musicbox kam in den 1950er Jahren als Jukebox aus Amerika nach Europa u. verhalf dort u. a. Elvis Presley u. Bill Haley zum Durchbruch*

- **Habicht**, *der: (Typbezeichnung SR4-4) zweisitziges Kleinkraftrad aus dem VEB Fahrzeug- und Jagdwaffenwerk »Simson« in Suhl (Thüringen)*

Die Lanze der Waschfrau

Ich möge doch bitte die Wäschestütze nicht vergessen, wünscht ein Leser. Er schreibt mir übers Internet. Er sei noch mit Wäschestützen groß geworden, die verschiedenfarbig im Hof an der Hauswand lehnten, damit die Frauen sie auseinanderhalten konnten und ihre Wäsche nicht versehentlich mit der Stange der Nachbarin straff hielten. Die Stütze war demnach nicht nur ein praktisches, sondern auch ein urdeutsches Produkt, diente sie doch der Aufrechterhaltung der öffentlichen Waschordnung – siehe Waschtag, Mangelverwaltung, Freilufttrocknung, aber das hatten wir ja schon.

Also die Wäschestütze. Konkurrenz hatte Großmutter auf ihrem kleinen Einzelbauernhof nicht zu befürchten, obwohl sie, wenn wir Enkel die Ferien dort verbrachten, ununterbrochen mit Waschen beschäftigt war. Manchmal war es auch nur eine Handwäsche in der Küche. Ausnahmen bildeten jene Tage, an denen der Wind auf Nordwest drehte und dicke, schwarze Rußwolken vom Bitterfelder Kraftwerk herüber blies. Wenn sie bei schönem Wetter mit dem Wäschekorb auf den Hof trat, musste Großmutter die *Stitze*, wie sie den Pfahl nannte, erst suchen. Die Stitze stand nur selten dort, wo sie hingehörte: in der Ecke neben dem Nähstubenfenster. Großmutter war mittelgroß. Beim Aufhängen und Festklammern ließ sie die Leine locker. Hernach wurde diese, damit Hemden und Unterhosen, vor allem aber die schneeweißen, gestärkten Bettlaken nicht auf dem Boden schleiften, abgestützt. Das heißt, der Wäschestrang wurde mit der Stitze in die Luft gehievt. Wie kamen die schlanken, schmucklos grauen Holzpfähle auf unseren Hof? Großvater holte sie als Jungbäume aus dem Wald, der gleich hinterm Dorf begann, und entästete sie mit der Axt. Dann wurden die Stämme nacheinander auf den Sägebock gelegt und geschält. Ich durfte dabei helfen und eigenhändig den Hobel über das Holz ziehen. Was für ein Duft von der saftigen Rinde aufstieg! Die glatten Pfähle wurden an einem Ende eingekerbt, fertig war das multifunktionale Hof- und Spielgerät. Wir spielten ja noch nicht am Computer, sondern an der frischen Luft. Die Stitze diente Don Quijote als Lanze. Mit ihr hielten wir uns Hansi, den frei herumlaufenden Hammel, vom Leib und veranstalteten, in Ermangelung richtiger Speere, Wettkämpfe im Wäschestützen-Weitwurf. »Hört uff«, rief Urgroßmutter, wenn ihr die dicken Lanzen um die Ohren flogen, »so was geht ins Auge!« Einmal traf mein Bruder versehentlich den Hammel. Hansi blökte vor Schmerz, senkte dann den Kopf und ging wutschnaubend zum Gegenangriff über. Von Stund an rammte er alles, was ihm in die Quere kam. Nicht einmal Großvater, der für Hansis Futter sorgte, vermochte ihn zu besänftigen. Er trieb den Hammel mit der Stitze in Richtung Stall, doch Hansi entwischte und warf den Tisch mit den Einweckgläsern um. Ein anderes Mal war es der Handwagen mit Gurken, dann mein Fahrrad, an dem noch die volle Einkaufstasche hing. Es half alles nichts, das wild gewordene Tier musste eingefangen, gefesselt und geschlachtet werden. Auch weil sich Großmutter zum Wäscheaufhängen nicht mehr auf den Hof traute.

– **Wäschestütze**, *die: schlanker, glatter Holzpfahl mit Spitze u. Kerbe zum Straffen der Wäscheleine*

Vom Schnurren der Züge

Die Welt ist ein Schienenkreis. Ich sitze in der Mitte, während ein bunter Blechzug mechanisch seine Runden dreht. Eine Lok mit einem hohen Schornstein zieht zwei offene Güterwagen mit meinen Zootieren hinter sich her. Solange sie fährt, bin ich das friedlichste Kind. Doch wehe, sie bleibt stehen und mein Vater ist nicht sofort mit dem Schlüssel zur Stelle, um sie wieder aufzuziehen!

Im Kaufhaus dann die erste Elektrische. Sie surrt ohne Unterbrechung durch eine Miniaturlandschaft und ich kann mich nur schwer von ihrem Anblick lösen. Weihnachten liegt ein Starterset unter dem Baum, eine *Piko*-Diesellok der Spurweite H0 mit drei D-Zug-Wagen und Trafo. Schienen kann ich mir vom Taschengeld dazukaufen, für eine elektrisch stellbare Weiche muss man sparen. Meine Welt ist nun ein Strom führender Schienenkreis, dessen Gleise sich kreuzen und verzweigen. Sie führen über Brücken, durch Tunnel und an einem beschrankten Bahnübergang vorbei. Naht die Lok, senken sich summend die Bälkchen und schnippen sofort wieder hoch. Die Ampel wechselt zwischen Rot und Grün. Schöne, alte Modellbahnwelt. Aufgebaut wurde sie nur in den Weihnachtsferien.

Bis Großvater eine Ecke im Waschhaus frei räumt, groß genug für zwei Holzböcke, über die eine Spanplatte gelegt wird. Ich steige von H0 auf die kleinere Spur TT um. So passen eine Schnellzugstrecke und eine Bergbahn, die über dem Tal ihre Schleife zieht, nebeneinander. Zwei Trafos sorgen nun dafür, dass die Züge auch im Gegenverkehr schnurren.

Ich gehe mit dem »Modelleisenbahner«, dem Fachorgan für Modellbahn-Pioniere, ins Bett und entwerfe nächtelang Gleispläne. Schließlich wird das Streckennetz festgenagelt und unter der Platte verkabelt. Wenn der Zug sich über ein Schaltgleis selbst die Weiche stellt, leuchtet am Pult ein Kontrolllämpchen auf. Mein drei Jahre älterer Bruder ist mir beim Verkabeln keine große Hilfe, er weiß nicht mal, was ein Nullleiter ist. Hochspannung an Heiligabend: Steht da unter dem Baum der Karton mit den ersehnten Doppelstockwagen? Und meine E-Lok mit den Klappbügeln? Ich kann es durchs Schlüsselloch nicht genau erkennen …

In den Winterferien lassen mich Rodelberg und Schlitterbahn kalt. Fröstelnd betrete ich das Waschhaus, wo über Nacht Eisblumen am Fenster erblüht sind. Ich trage zwei Pullover und eine Felljacke übereinander. Niemand muss mir zeigen, wie man mit Zinn und Lötkolben umgeht. Modellbahner sind Gleisbauarbeiter, Elektriker, Lokführer und Architekten in Personalunion. Bahnhof, Stellwerk, Lokschuppen und Häuser werden in der warmen Stube beim Fernsehen zusammengeleimt. Die von Papprippen getragenen Hügel aus geknülltem Zeitungspapier und Tapetenkleister entstehen direkt auf der Platte. Wieder ist Heiligabend, doch diesmal liege ich auf der Chaiselongue. Mir ist übel, denn ich habe die Berge mit grünem Lack grundiert, um sie nach dem Trocknen mit Streugut der Marke *Sommerwiese* zu veredeln, und dabei ungesunde Dämpfe eingeatmet. Kurz vor der Bescherung kommt mir der Kartoffelsalat mit den Würstchen wieder hoch.

Wie eine Modelleisenbahn riecht? Nach Kohlestift, Alleskleber, Lötfett und Rauch. Der Rauch kommt aus dem Herd, den Großvater am Vormittag mit Holz und Bohnerwachs anfeuert. Die Eisblumen schmelzen und es wird bullig warm. In der Dämmerung rückt die Großfamilie ein, um einer Premiere beizuwohnen. Die Kleinstadt leuchtet im Dunkeln aus zahllosen Fenstern; Straßen und Bahnsteige werden von Bogenlampen angestrahlt. Wann endete für mich das Modellbahnzeitalter? Mit meiner Bewerbung für die Sportschule? Mit der Jugendweihe? Die Eisenbahnplatte lehnt noch einige Zeit bei den Großeltern an der Waschhauswand, ehe sie verkauft wird.

Doch es gibt ein Nachspiel. Aus Eisenbahnpionieren werden Väter, die es mit ihren Kindern noch einmal wissen wollen. Nach der Wende erwerbe ich meine zweite TT-Ausrüstung, zu Spottpreisen, denn die Lager wurden geräumt. Weil es in der Altbauwohnung nicht genug Platz für eine Eisenbahnplatte gibt, verlegen wir die Gleise im Kinderzimmer auf dem Teppich. Mein Sohn ist begeistert. Die Züge schnurren unter das Bett, kommen hinterm Schrank wieder hervor und halten in der *Lego*-Stadt, die täglich umgebaut wird. Auch meine Zootiere sind wieder dabei. Doch mit Neujahr verschwindet der ganze Spaß im Koffer.

Dann aber, nach dem Umzug ins Eigenheim, schlägt die Stunde des Modellbahn-Veteranen. Ein Kellerraum wurde eigens für das Hobby projektiert. Ich kaufe eine Hartfaserplatte von 2,5 mal 2,5 Meter Fläche, verstärke sie mit Holz-

leisten, krame die alten Fotos hervor und zeige sie meinem Sohn. Wir entwerfen neue Gleispläne, schneiden die Pfeiler für den Bahndamm zu und schließen die Trenngleise an. Mindestens vier Züge würden im Hauptbahnhof gleichzeitig halten können. Doch als die Schienen verlegt sind und festgenagelt werden sollen, verliert der Junge die Lust und setzt sich an den Computer. Ich steige die Treppe zu seiner Kammer hinauf, um ihn zurückzuholen. Doch er reagiert gar nicht. Ich starre auf den Monitor, über den kryptische Zeichenkolonnen wandern. »Was machst du da?« – »Ich programmiere.« – »Was programmierst du denn?« – »Websites, Dia-Shows, Filme, Spiele ... Was du willst.« Er könnte, behauptet mein Sohn, auch eine virtuelle Modelleisenbahn erschaffen. Eine, die ohne mich läuft. Jetzt habe auch ich keine Lust mehr und baue unsere Anlage wieder ab. Ich verstaue die Einzelteile in der alten Schrankwand im Keller und sehe das meiste davon nie wieder. Heimlich wird die Modelleisenbahn gegen Computersoftware eingetauscht.

- **Modelleisenbahn**, *die: elektrisch auf Schienen betriebene Miniaturzüge, die auf einer selbst gebauten, stetig erweiterten Anlage mit Zubehör wie Bahnhöfen, Stellwerken, Tunneln, Brücken, Häusern usw. verkehren*

- **Piko**: *urspr. VEB Piko Sonneberg – ein Spielwarenproduzent der DDR*

Sind so kalte Füße

Ich gestehe, schon im Kindesalter als Stiefelknecht gedient zu haben. Ging es darum, einen Damenfuß vom Waden umspannenden Leder zu trennen, war ich zur Stelle. Anfangs handelte es sich ausschließlich um die Füße meiner Mutter (Schuhgröße 40), später kamen zierlichere Mädchen- und Frauenfüßchen (Größe 36 ff.) ins Spiel. Um hier keine überzogenen Erwartungen zu wecken: Es bereitet mir Vergnügen zu helfen und ich massiere, wenn die von den Stiefeln befreite Dame es wünscht, auch gern ihre Fußballen, -sohlen, -fesseln und strapazierten Zehen. Masochistische Gefühle hat das in mir bislang nicht geweckt.

Vielleicht, weil ein echter Stiefelknecht aus härterem Holz geschnitzt ist. Ich kenne ihn nur aus der Literatur und durch die Schilderung eines älteren Bekannten. Harry L. aus Berlin beschreibt ihn wie folgt: »Der Stiefelknecht war ein Brett, 40 bis 50 Zentimeter lang, 15 Zentimeter breit. Das vordere Ende war ausgesägt, eine klaffende länglich-ovale Öffnung, in die man den Stiefelabsatz hineinklemmen konnte. Im vorderen Drittel waren auf der Unterseite des Brettes zwei Füße eingeleimt, damit stand das Brett schräg, Öffnungsgabel nach oben. Es gab natürlich auch edle Teile, aus Guss oder aus Messing, mit Figuren und Ornamenten …«

Trotzdem trampelte die Herrschaft grob auf dem stummen Diener herum, wackelte und zerrte und hatte der Mohr seine Schuldigkeit getan, wurde er wieder in die Ecke verbannt. Aus Ehrfurcht vor der geschundenen Kreatur räume ich dem Stiefelknecht einen Ehrenplatz auf meiner Roten Liste ein.

Der arme Kerl hatte Hochkonjunktur, wenn der Militarismus marschierte, ganz gleich unter welcher Flagge, und seine unrühmlichste Zeit, als sich unter Führung der schwarzen, totenköpfigen Edelstiefeltreter die Germanen zum Herrenvolk erklärten. Soldatenstiefel gab es in allen Epochen und gibt es immer noch rund um den Globus in beängstigender Vielfalt: als einfache Knobelbecher, als Halb- und Langschaftstiefel aus Rinds-, Ross- oder Ziegenleder, als Springer-, Reit- oder Fliegerstiefel. Letztere waren bei der Luftwaffe des großdeutschen Reiches mit weichem Lammfell gefüttert. Wohl jenen dieser privilegierten Stiefelträger, denen es gelang, sich aus dem Kriegsschlamassel zu retten! Harrys Vater Rudi, zum Beispiel. Dessen edle Offiziersstiefel waren Vorkriegsware, also beste deutsche Wertarbeit; sie hielten über mehrere Generationen. 1988, 43 Jahre nach dem Ende des Zweiten Weltkriegs, stiefelte Rudis Enkelsohn Tim noch darin herum.

Abgesehen von Reitern, Feuerwehrmännern, Fischern, Prostituierten und Tänzerinnen im Showbusiness trägt heute kaum noch jemand berufsmäßig Stiefel. Und Schauspieler natürlich. Beim Drehen, bestätigte mir Thomas Thieme, der in dem deutschen Weltkriegsdrama »Der Untergang« Hitlers Adjutanten spielte, stünde stets ein Stiefelknecht am Set. Man kann aber auch Lobendes über den Stiefel sagen: Den Militaristen zum Trotz hat er sich dauerhaft zum Modeschuhwerk für die feine Dame herausgeputzt, mit Stöckelabsatz, Flach- oder Plateausohle, knapp über den Knöchel oder knielang bis hüfthoch, zum Schnallen, Schnüren oder mit Reißverschluss. Der elegante Damenstiefel passt sich, zwischen Leder, Kunstleder, Gummi, Lack und Latex changierend, dem Zeitgeschmack und den Launen seiner Trägerinnen an und eignet sich vorzüglich für das horizontale Dienstleistungsgewerbe, wo ein Stiefel über nackter Haut gar nicht lang genug sein kann. Eher unwahrscheinlich, dass die Knechte dort aus Gusseisen oder Holz sind.

– **Stiefelknecht**, *der: Brett mit u-förmigem Einschnitt, in das der Stiefel mit der Ferse zum Ausziehen eingepasst wird, während der andere Fuß auf das Brett einen Gegendruck ausübt*

Rote-Rüben-Kantate

Zeugnishefte waren Klassenlehrern ein Graus, denn sie durften sich darin nicht verschreiben. Fäden hielten das Dokumentenpapier zusammen und so ließ sich keine einzelne Seite entfernen, ohne dass nicht eine andere mit herausgefallen wäre. Etwa das Zeugnis der zweiten Klasse mit dem Zeugnis der neunten. Oder das Halbjahreszeugnis der fünften mit dem Halbjahreszeugnis der siebten. Da es sich jeweils um eine Doppelseite handelte, hing auch noch eine Seite vom Vorjahreszeugnis mit dran. Rechts standen die Fachnoten, links die *Kopfnoten* und die Gesamteinschätzung. Ich bin sicher, dass die meisten Lehrer ihre Schülerbeurteilungen zunächst vorgeschrieben und erst dann ins Reine übertragen haben, aus doppelter Vorsicht. An manchen Schulen wollte der Direktor die Entwürfe vorher sehen und allzu Kritisches wurde zum Wohl der Allgemeinheit geglättet.

Ich muss ein Streber gewesen sein, denn mein Zeugnisheft liest sich wie eine fortgesetzte Erfolgsgeschichte. Alle Klassenlehrer – es waren derer fünf – loben mich in höchsten Tönen, und zwar einhellig, als hätten sie bei der Beurteilung meiner Schülerpersönlichkeit voneinander abgeschrieben. »Er erhielt dreimal ein Lob«, heißt es am Ende der zweiten Klasse, nach der siebten: »Sein Verhalten gegenüber den Lehrern und Mitschülern ist stets lobenswert«, und nach der neunten: »Mehrere der zahlreichen Lobe wurden unter der Fahne ausgesprochen.« Abgesehen davon, dass zu meiner Schulzeit Tugenden wie Fleiß, Pünktlichkeit, Disziplin, Höflichkeit und Hilfsbereitschaft noch Bedeutung beigemessen wurde, ist mir so viel Lobhudelei heute peinlich. War ich denn immer

nur brav und angepasst? Bin ich wirklich niemals getadelt worden?

Doch, einmal wurde ich am Montagmorgen beim Fahnenappell vor der versammelten Schülerschaft gerügt, weil ich in einer Krankenhausgärtnerei einen Arm voll Rhabarber geklaut hatte und dabei erwischt worden war. Ein andermal flog ich hochkant aus der Musikstunde. Unser Musiklehrer, der auch Leiter des mit vielen Auszeichnungen dekorierten Schulensembles war, saß am Klavier und spielte uns seine neueste Kantate vor, die er zum 20. Jahrestag der Landwirtschaftlichen Produktionsgenossenschaft »Roter Oktober« in Dallgow geschrieben hatte. In dem avantgardistischen Chorwerk hatten nicht nur Melkerinnen, Brigadeleiter und Traktoristen eine Stimme, sondern sangen auch Kühe, Kälber, Hühner und selbst Schweine mit. Nach der finalen Ernteschlacht unter der Führung der Einheitspartei triumphierte der sozialistische Kollektivgeist über die egoistische Groß- und Kleinbäuerei. Während des Vortrags konnte ich mich nicht beherrschen und prustete los. Gustav R., genannt Gustl, ließ den Klavierdeckel knallen. Ich bekam einen Tadel ins Klassenbuch, einen Eintrag ins Hausaufgabenheft und musste mich wegen »ideologischer Unreife« unverzüglich beim Direktor melden.

Der Schulchor weigerte sich später, Gustls Werk öffentlich aufzuführen. Und mein Tadel wurde getilgt, weil auch der Direktor unserer Schule die Rote-Rüben-Kantate in den 1970er Jahren nicht mehr für zeitgemäß hielt. Aus Rache ließ Gustl die gesamte Klasse nachsitzen und wir wurden für unseren Ungehorsam mit 45 Minuten Beethoven bestraft.

Lob und Tadel werden heute kaum noch im Klassenbuch vermerkt und Strafarbeiten haben ohnehin keinen Sinn. Vorbei die Zeiten, in denen der Lehrer einem flegelhaften Schüler auftragen durfte, 50-mal den Goethe-Vers »Edel sei der Mensch, hilfreich und gut« abzuschreiben. Vorbei die Züchtigung mit Rohrstock und Lineal, der *Nachhilfe* genannte Frondienst im Gemüsegarten des Schuldirektors und der Arrest im Lateinkabinett. Vorbei auch die Zeit, da ein Schüler wegen politischer Äußerungen oder einer provozierenden Wandzeitung gleich der Schule verwiesen wurde.

Einträge ins Hausaufgabenheft gibt's natürlich weiterhin, doch werden diese, wie der Lehrer selbst, nicht mehr ernst genommen. »Jan hat auf dem Schulhof mit Schneebällen nach den Mädchen geworfen«, beschwerte sich mal die Klassenlehrerin über unseren Sohn. Meine Frau zeichnete den Tadel ab und schrieb darunter: »Und, hat er getroffen?«

– **Zeugnisheft**, *das: Heft mit Zeugnisvordrucken im DIN-A5-Format, in dem alle Zeugnisse bis zum ersten Halbjahr der zehnten Klasse eingetragen werden*

– **Tadel**, *der: schriftliche Beschwerde des Lehrers über einen ungehorsamen Schüler, die von einem Elternteil gegengezeichnet werden muss*

Bataillon Postillon

Der Raum strahlt im Neonlicht, an den Wänden bündeln sich großkalibrige Rohre. Mein Herz pocht, denn soeben habe ich der hinter einer Barriere postierten Beamtin ein wichtiges Schreiben anvertraut. Die Dame wölbt den Umschlag und stopft ihn in eine Blechhülse, die aussieht wie eine Artilleriegranate. Dann verschraubt sie die Depesche und lässt sie in ihrer Kellerhaubitze verschwinden. Klappe dicht und durchgeladen … Ich halte mir die Ohren zu, doch der befürchtete Knall bleibt aus. Als ich die Hände sinken lasse, höre ich ein saugendes Geräusch. Flupp! »Noch was?«, fragt die Artilleristin.

Mir ist unheimlich, denn ich weiß nicht mehr, wann und wo ich die Dienste der Rohrpost, die ja heute kaum noch jemand kennt, in Anspruch genommen habe. Was wurde damals in meinem Auftrag auf unterirdischem Weg von einem Postamt zum anderen geschossen? Auch wenn mein Lexikon Namen wie Abbé Moigno, Galy Cazalar und Josiah Latimer Clark als Urheber dieser 1853 erstmals in London eingerichteten, sich bald weltweit verbreitenden Beförderungsart nennt – der wahre Erfinder der Rohrpost kann nur Franz Kafka heißen.

Die Erde, auf der wir wandeln, ist hohl, denn unter uns kreuzen sich kilometerweit verlängerte Kanonenrohre. Darin wurden bis vor nicht allzu langer Zeit Postsendungen per Über- oder Unterdruck hin und her geballert. Unsere Hauptstadt, lese ich, soll Anfang des 20. Jahrhunderts zu weiten Teilen unterrohrt gewesen sein – und ist es bis heute! Irren da vielleicht immer noch zwischen Dahlem und Köpenick, Karlshorst und Frohnau fehlgeleitete Depeschen herum? Nachts, wenn es ganz still ist, klirren bei den Berlinern die Gläser im Schrank.

Tatsächlich ist die Rohrpost partiell immer noch in Betrieb, in Kranken- und Warenhäusern oder in Apotheken. Und sogar Filmhelden bedienen sich ihrer. In dem surrealistischen Streifen »Brazil« legt ein Saboteur das Informationsministerium einer Staatsmacht lahm, indem er deren Rohrpostleitungen überlastet. In »Geraubte Küsse« von François Truffaut übernimmt die Rohrposthülse die Rolle des eilenden Boten. Da verfolgt die Kamera in der Rohrpostanlage von Paris eine Nachricht zwischen den beiden Liebenden. Leider besitze ich diese cinemascopischen Meisterwerke nicht auf DVD, wie soll ich mir selbst ein Bild machen?

Unerwartet werde ich bei dem Schriftsteller Theodor Fontane fündig, in dessen Werk ich derlei Fortschrittliches nicht vermutete. In Fontanes 1892 erschienenem Roman »Frau Jenny Treibel« brummt das Berliner Rohrpostsystem und die bürgerlichen Familien Schmidt und Treibel gehören zu den eifrigsten Kunden. »Zwischen neun und zehn waren zwei Rohrpostbriefe bei Schmidts eingetroffen«, staunt der allwissende Erzähler, »ein Fall, der, in dieser seiner Gedoppeltheit, noch nicht da gewesen war«.

Leider behält auch Fontane das Geheimnis um das Abfeuern der Postille für sich. Die Sache bleibt kafkaesk. War die Rohrpost eine Art rustikales Internet? Was passierte, wenn das Rohr ein Leck bekam oder eine Ratte die Leitung verstopfte? Ist nie der Druckkessel explodiert? Und hat es, da auf diese Weise selbst Akten, Banknoten, Wertpapiere und sogar Schmuck durch den Untergrund befördert wurden, auch Rohrposträuber gegeben?

– **Rohrpost**, *die: Form des schnellen u. personalarmen Transports von Nachrichten u. Gegenständen in zylindrischen Behältern mittels Druckluft in großkalibrigen Röhren*

Täglich im Tee

Der Teekessel brodelte, dampfte und pfiff. Er war das Erste und das Letzte, was wir als Studenten täglich zur Hand nahmen. Wir hausten zu acht in einer WG und wer morgens nicht gleich ins Bad kam, weil es schon besetzt war, bog in die Küche ab und setzte Wasser auf. Wenn der Kessel pfiff, zaghaft erst, dann kräftiger, schließlich schrill, eilte man erneut in die Küche, um das Gas abzudrehen. Manchmal flog wegen des Überdrucks die nur aufgesteckte Pfeife weg und der Dampf entwich lautlos. Es kam vor, dass der Teewasseraufsetzer auf dem Balkon stand und seelenruhig eine Zigarette rauchte, während in der Küche der inzwischen leere Kessel über der Flamme zu glühen begann. Ich will hier keine Horrorszenarien entwerfen, schließlich haben wir unser Studium ohne Feuerwehreinsatz absolviert. Im Gegenteil, der Teekessel hielt uns in Trab und trug dazu bei, dass wir nicht verkalkten.

Seltsamerweise steht er nicht im Lexikon, das nur Tee-Ei, Teelöffel und Teenager vermerkt. Ob Tee oder Kaffee, beides wird mit Wasser gekocht, weshalb der Teekessel in Wirklichkeit ein Wasserkessel war, aber so haben wir ihn nie genannt. Unser Kessel war aus Aluminium, unten platt, in der Mitte bauchig, und damit man ihn auch ohne Topflappen anfassen konnte, hatte er über dem Deckel einen Bügelgriff aus Plaste. Im Unterschied zum heute gebräuchlichen elektrischen Wassererhitzer, der nichts anderes als ein verkleideter Tauchsieder ist, konnten wir das Wasser nicht in der Stube, sondern nur auf dem Herd erhitzen.

Es ist an der Zeit, mit einer Legende aufzuräumen: Studenten sind keine Biertrinker. Bier macht müde und wir kämpften auch so schon während der Vorlesungen mit dem Schlaf. Um beim Selbststudium im Wohnheim wach zu bleiben, brühten wir uns Tee. Grusinischen. Rabenschwarzen. Gleich in der Kanne. Wir tranken und büffelten. Büffelten und tranken. Eigentlich waren wir täglich im Tee, was mehr an der Flasche lag, mit der wir unser Getränk veredelten. Gezwungenermaßen, denn der Kesselinhalt reichte nicht für acht volle Teegläser. Jeweils ein Fünftel musste aufgefüllt werden – mit *Goldbrand* oder Rum, je nachdem, was gerade zur Verfügung stand. Aufguss folgte auf Aufguss. So blieben wir hellwach und die Lektüre verschwamm uns trotzdem vor den Augen. Irgendwann flogen die Bücher und Hefter in die Ecke und Andy griff zur Gitarre. Der Gesang lockte die Mädchen aus der WG über uns herbei, die ihre Teegläser gleich mitbrachten.

Einmal, nach einer abendlichen Spaghetti-Mahlzeit, hatten wir es auf rekordverdächtige 25 Kannen gebracht. Wir hockten auf unseren Doppelstockbetten um den Studiertisch und am Tischende, nahe der Tür, saß Uli, unser Teebrauer. Sobald die Kanne leer war, erhob er sich, setzte Wasser auf und ging rauchen. Nach der zehnten Kanne stimmte Andy »Kommt an den Tisch unter Pflaumenbäumen« von Franz Josef Degenhardt an. Nach der 15. Kanne sangen wir »Schon zu lang« von Hannes Wader. War's die Enge, war's der Wasserdampf, den Uli aus der Küche mitbrachte? Es wurde heiß in der Bude. Nach und nach legten wir alles Überflüssige ab und Regine verschwand im Studentenklub, um neuen Schnaps zu holen. Nach dem 20. Aufguss grölten wir »Zogen einst fünf wilde Schwäne« und unter uns wurde gegen die Decke

gewummert. Im Morgengrauen gingen unserem Brau-
mann die Zigaretten aus. Uli schlurfte in die Küche, um
Wasser aufzusetzen, kam aber nicht mehr zurück. Er saß
auf dem Klo und schnarchte, während auf dem Herd der
Kessel verglühte. Von da an füllten wir unsere Gläser gleich
aus der Flasche.

— **Teekessel**, *der: aus einer Aluminiumlegierung bestehendes
topfähnliches Behältnis mit Deckel und (meist) isoliertem
Handgriff, in dem Wasser auf dem Herd erhitzt wird*

Invasion von der Wega

Es war nach Einbruch der Dunkelheit. Mein Vater und mein älterer Bruder waren nicht da. Bis vor einer halben Stunde hatte ich meine Mutter noch in der Küche hantieren hören; das Scheppern von Töpfen und Tellern hatte mich bei den Schularbeiten genervt. Mit einem Mal wirkte das Haus wie ausgestorben. Weil sich nun gar nichts mehr regte, wurde ich unruhig. Ich verließ mein Zimmer und lauschte. Keine Schritte, kein Türenklappen. Nicht mal der Fernseher gab Geräusche von sich. Ich lief über den Flur, schaute erst in die Küche, dann in die Wohnstube. Niemand. Ich wollte schon in den Keller hinabsteigen, um dort nach meiner Mutter zu suchen, als ich den Lichtschein bemerkte. Die Tür zum Schlafzimmer stand einen Spalt breit offen. »Mutter?«, rief ich leise, erhielt aber keine Antwort. Vorsichtig näherte ich mich der Tür, aus der das Licht kam, ein grelles, leicht bläuliches Licht, und horchte wieder.

Die Stille war jetzt unheimlich. Es roch sonderbar, irgendetwas biss in die Nase. Ich fasste mir ein Herz und schob die Schlafzimmertür ein Stück weiter auf. Nun konnte ich das Fußende des Doppelbettes und ein Stück

vom Schminktisch sehen, auf dem ein Kasten mit drei senkrecht nebeneinander angeordneten Glasröhren stand. Geblendet kniff ich die Augen zu, denn die Röhren, die vor einem Hohlspiegel angebracht waren, sandten dieses grässliche Licht aus, das den Raum durchflutete. Offenbar hatte meine Mutter wieder ein neumodisches Haushaltsgerät erworben, das sie ausprobierte, denn als ich mich an die Helligkeit gewöhnte, sah ich ihre Füße am Bettende, die in Stricksocken steckten. Ich erschrak abermals, denn die Socken waren das Einzige, was Mutter anhatte. Sie lag nackt auf ihrer Betthälfte und ließ sich von dem Apparat bestrahlen. Ja, bestrahlen – anders kann man das, von heute aus betrachtet, nicht bezeichnen. Mutter lag auf dem Rücken, mit dem Kopf auf dem Kissen, hatte die Arme leicht abgespreizt und wirkte entspannt. Hingegeben. Oder willenlos?

Ich war zehn oder elf Jahre alt und begriff nicht, was ich da sah. Woher hatte sie den Kasten, der dieses schmerzende, unirdische Gleißen erzeugte? Mir kam ein schrecklicher Gedanke: Was, wenn dieses Ding gar kein harmloses Hausgerät war, sondern aus dem Weltall stammte? Wie diese *Fliegenden Untertassen* im Fernsehen. Damals lief gerade die amerikanische Science-Fiction-Serie »Invasion von der Wega«. Außerirdische hatten menschliche Gestalt angenommen, um unbemerkt die Herrschaft über die Erde zu erlangen. Womöglich war auch in unserer Nähe ein UFO gelandet und ein als Vertreter getarnter Eroberer hatte meiner Mutter an der Haustür den Apparat aufgeschwatzt. Bestrahlte man sie jetzt, um sie gefügig zu machen? Wurde ihr Gehirn gerade umgepolt? Ängstlich drehte ich mich um, denn mir war, als stünde noch jemand im Flur. Ein fremdes Wesen im Tarnkappenraumanzug. Je intensiver ich mir das vorstellte, desto stärker ergriff der

Gedanke von mir Besitz: Mutters Strahlenkiste war eine kosmische Falle.

Wieder durchzuckte es mich, diesmal weil das Bett knarrte. Mir standen vor Schreck die Haare zu Berge. Ein Schatten kroch an der Wand empor und mein Herz klopfte so heftig, dass ich meinen Namen wie aus weiter Ferne hörte. Langsam richtete sich Mutter auf, bis sich ihr Gesicht in mein Blickfeld schob. Ich schrie auf, denn das, was ich sah, war nicht meine Mutter. Ein Wesen mit runden, roten Brillenaugen funkelte mich an und sprach mit Mutters Stimme: »Junge, was schleichst du dich hier herein? Und schau nicht in die Höhensonne, du verdirbst dir sonst die Augen!«

– **Höhensonne**, *die: auf einer Quecksilberdampf-Hochdruck-lampe ohne Schutzglas basierendes, starke Ultraviolett-Strah-lung erzeugendes Gerät zum häuslichen Bräunen der Haut; dabei wird Ozon freigesetzt; um Blendung zu vermeiden, ist das Tragen einer Schutzbrille erforderlich*

Kurze Gute-Nacht-Geschichte

Mehr als zwölf Prozent aller Deutschen, lese ich in einer Statistik, schlafen am liebsten nackt. Zur kühlen Jahreszeit streifen sie sich lediglich ein T-Shirt über. Dies sei sehr entspannend. Wahrscheinlich drehen sie nachts die Heizung auf. Trotzdem soll es immer noch echte Kerle geben, die selbst bei Eiseskälte ins Bett steigen, mit Schlafanzug natürlich. Ich rede hier nicht vom Pyjama, dieser kuscheligen bis halbseidenen Garnitur, sondern vom Schlaf-*Anzug*. Das zweite Wort in dem Kompositum sagt alles: lange, steife Hose mit Schlitz, Jacke zum Knöpfen und mit umschlagbarem Kragen. Fehlen eigentlich nur Schulterstücke und Schützenschnur. Auch ich habe noch so einen Liebestöter im Kleiderschrank, weinrot und dezent längsgestreift, doch ich ziehe ihn nicht mehr an. Nicht mal im Dunkeln. Allerdings wage ich es auch nicht, das gute Stück in die Kleidersammlung zu geben.

Schlafanzüge kaufte man sich nicht selbst. Man bekam sie geschenkt, zu Weihnachten oder zum Geburtstag: gestreifte, karierte, geblümte. Sie beanspruchten im Wäscheschrank einen eigenen Stapel, der mit den Jahren wuchs, denn einer besorgten Mutter konnte man diese Gabe schlecht abschlagen.

Immerhin gehört der Schlafanzug zu den Errungenschaften der modernen Zivilisation. Bis ins 16. Jahrhundert schlief man in unserem Kulturkreis im Adamskostüm. Irgendwann kam das Nachthemd auf, welches ursprünglich ein Taghemd war, das man, um im Bett nicht zu frieren, nachts einfach anbehielt. Bei meinem Großvater war es umgekehrt: Wenn er es morgens eilig hatte, stopfte er sein Leinennachthemd rasch in die Hose und zog die Hosenträger und den Arbeitsanzug drüber. Niemand merkte etwas. Ich fand Großvater, wenn er früh in seinem knöchellangen Jesusgewand aus der Schlafstube trat, um den Nachttopf auszuschütten, ziemlich peinlich. Erst mit 70 Jahren zog er den aus seiner Sicht neumodischen, zweiteiligen Nachtfrack an, den Großmutter nach jeder Wäsche steifen und aufbügeln musste.

Ich will hier keine Familienintimitäten ausplaudern, nur noch diese: Mein Vater ging nach dem Baden stets mit Schlafanzug und Haarnetz zu Bett. Die schwarze, luftdurchlässige runde Kappe hielt nach der Haarwäsche seine Frisur in der Fasson. Er brauchte weder Schaumfestiger noch Gel. Das im Zentrum schon etwas schüttere Haar wurde vor dem Nachtschlaf streng nach hinten gekämmt und mit Wasser angeglitscht. Wann und wo immer es möglich war, stülpte sich Vater das Netz über. Dann sah er aus wie Lessings Nathan der Weise. Da ein gutes Haarnetz so fein gewirkt war, dass man es nicht spürte, vergaß er es nach einer Weile. Manchmal trug er die an die Kappe eines orthodoxen Juden erinnernde Kopfbedeckung noch beim Frühstück oder am Sonnabendvormittag beim Rasenmähen. Die Postfrau schaute irritiert, wenn Vater sie damit begrüßte. Einmal ertappte ich ihn dabei, wie er sich mit dem Netz auf dem Kopf aufs Fahrrad schwang, um zum Busbahnhof zu strampeln, von wo er zweimal pro Woche zur Akademie weiterfuhr. Ich rief hinter ihm her und griff mir demonstrativ mit beiden Händen in die Haare. Vater stutzte, stieg noch einmal ab und stopfte das Ding in die Aktentasche. Um ein Haar hätte er seine Vorlesung mit Kippa gehalten.

— **Schlafanzug,** *der: zweiteilige, zum Schlafen getragene Klei-dung, zumeist aus Baumwolle, bestehend aus Hose u. knöpf-barem Oberteil*

— **Haarnetz,** *das: feines Netz aus Kunstfasern, das über die Haare gezogen wird u. diese in einer bestimmten Position hält; findet noch im Bereich des Arbeitsschutzes od. zur Befestigung modischer Accessoires Verwendung*

Speller-Augusts Wanderjahre

»In die Ecke, Besen! Besen! Seid's gewesen …!« Manchmal stehen die Geister meiner Vorfahren in mir auf und rufen ihren wahren Meister – den Besenbinder. Mein Großvater väterlicherseits war der Letzte in der Familie, der dieses damals schon seltene Handwerk noch beherrschte. Abgeschaut hatte er sich das Besenbinden bei seinem Großvater, dem alten Speller. Speller-August, auch Speller-Rückelt oder der *Alte Zieten* genannt, war Forstläufer in der Dübener Heide und der Erste unter den Holzhackern. Holz, das gespalten wird, *spellert*. Den anderen Beinamen verdankte er seiner Ähnlichkeit mit einem berühmten preußischen Reitergeneral. Stolz wie Hans Joachim von Zieten ritt auch Ururgroßvater seinen Schimmel; mit Fellmütze und langem Pelz kam er streng daher – ein kleiner Herrscher des Waldes, im Auftrag des Grafen, versteht sich.

An langen Winterabenden soll Speller-August in der Küche gehockt und Reisigbesen gebunden haben. Wochen vorher war er mit der Schubkarre und einigem Proviant zum Ochsenkopf aufgebrochen, einem Berg, den er nach vierstündigem Fußmarsch erreichte und wo es herrliche Birkenwälder gab. Dort konnte er in aller Ruhe Birkenreis schneiden und warten, bis der Schwiegersohn mit dem Pferdefuhrwerk folgte, die Ladung heimzuschaffen. Speller-August pfiff und sang bei der Arbeit; die Besen gingen ihm flott von der Hand, war einer fertig, musste die Tochter zur Probe die Küche fegen. Wurde Brot gebacken, nutzte er die Backofenhitze zum Brennen von Schippenstielen. Diese wuchsen zu Dutzenden an den verwilderten Kopfweiden des Grafen; der alte Speller schnitt sie ab, die Weiden trieben neu, nach drei Jahren konnte er wieder ernten. Zur rechten Zeit zerrte Ururgroßvater die heißen Weidenhölzer aus dem Ofen und schlug sie auf das Steinpflaster des Hofes, bis die Rinde, rissig von Hitze und Schlägen, zersprang. Ein glatter, fester Stiel kam zum Vorschein.

Gewachsene Schippenstiele haben den Vorzug, dass sie von Weide sind. Weidenholz fasst sich weich an, reibt nicht und gibt weniger Schwielen. Das wusste Speller-August und das schätzten erst recht seine Kunden – Schornsteinfeger und kleine Bauunternehmer. Jedes Frühjahr zur Messe spannte er den Schwarzen an und schaffte seine Besen und Schippenstiele nach Leipzig. Was dort keinen Abnehmer fand und den Rückweg über die Dörfer überdauerte, gehörte zum Hausrat. Ururgroßvater Speller soll auch alle Nachbarn im Umkreis von 10 Kilometern mit gut kehrenden Besen versorgt haben.

Großvater, wenngleich aus der Art geschlagen, blieb in dieser Hinsicht dem Ahnen treu: Ob als Kleinbauer, Fabrikarbeiter, Landwirtschaftsbeauftragter oder Bürgermeister, immer – nach Feierabend, an Sonntagen, zwischen zwei dringenden Aufträgen – hat er Besen gebunden. Bis zu seinem Tod konnte man sie überall auf dem Anwesen bewundern, denn verkauft hat er keinen. »Besen! Besen! Seid's gewesen ...?« Einen von Großvaters letzten Reisigbesen habe ich vor dem Kehraus gerettet. Der Besen lehnt an meiner Hauswand und wartet auf den ersten Schnee. Von Zeit zu Zeit schwinge ich ihn, damit er nicht spröde wird, auch um ihn bei Laune zu halten. Vielleicht werden wir uns eines Nachts aufschwingen und zum Hexenmeister auf dem Blocksberg reiten.

— **Reisigbesen**, *der: aus Reisig handgebundener Besen*

Schatz im Strumpf

Manchmal stehe ich wie Ali Baba vorm Geldautomaten und *Sesam* öffnet sich nicht. »Geben Sie Ihre Geheimzahl ein!«, blinkt der elektronische Schatzmeister. Wie war gleich die Ziffernfolge? Ich tippe nacheinander zwei Varianten, aber der Geldgeist akzeptiert sie nicht; noch eine falsche Nummer und der Fels schluckt womöglich meine Karte. Mir bricht vor Aufregung der Schweiß aus. Hinter mir hat sich eine Schlange gebildet; die Leute starren auf meinen Rücken. Resigniert ziehe ich die Karte wieder heraus und mache mich wie ein Scheckkartenbetrüger aus dem Staub.

Ohne richtigen Nummerncode kein Bargeld und auch kein Zugang zum Kommunikationszeitalter. Wie behält man sie bloß alle im Kopf? Ich muss mir schon mehrere dienstliche und private Telefonnummern sowie Kredit- und Tankkarten-Geheimzahlen merken. Um meinen Laptop oder mein Handy einzuschalten, ins Internet oder in spezielle Computerprogramme zu gelangen, bedarf es persönlicher Pincodes und Kennwörter.

Sind so viele Nummern ... Hat man die eine endlich im Kopf, hat sich die andere schon wieder geändert. Und prägt man sich die neue ein, läuft die zugehörige Chipkarte ab. Man braucht immer eine gültige Karte und die passende Geheimzahl, sonst meldet sich kein Schätzchen, deckt sich kein Tischchen, schüttelt sich kein Goldeselchen.

Wie einfach funktionierte dagegen der Sparstrumpf! Er wurde von der Urgroßmutter gestrickt, eine engmaschige Familienbörse, die sich ohne fremde Hilfe verwalten ließ. Haben unsere Vorfahren ihre Silberlinge tatsächlich in Socken gestopft und unter der Matratze versteckt? Wann ist das Sparstrumpfzeitalter zu Ende gegangen? Mit der Einführung des Spar*buches*? Meine Großmutter hat ihren Schmuck und das Ersparte bis zuletzt im Kleiderschrank versteckt. Hinter der Leibwäsche! Sie war fest davon überzeugt, dass ein Dieb dort niemals nachschauen würde.

Das Sparbuch bot mehr Sicherheit und warf zudem Zinsen ab. Als ich 14 war, legten meine Eltern eines für mich an; den Grundstock bildeten jene 500 Mark, die ich von Verwandten zur Jugendweihe bekommen hatte. Dieses Geld sollte nun für mich arbeiten. Um schneller reich zu werden, bin ich wöchentlich zur Sparkasse getrabt und habe mein Taschengeld und einen Teil von dem, was mir die Großeltern heimlich zusteckten, eingezahlt – meist nur ein paar Mark und Groschen. Sobald ich die Filiale betrat, verdrehte die Schalterbeamtin die Augen. Sie musste jede Kontobewegung, selbst die kleinste, fein säuberlich mit der Hand eintragen und durch Stempel und Unterschrift beglaubigen. Schon nach kurzer Zeit hatten ihre Eintragungen die letzte Seite meines Sparbuches erreicht und ich bekam ein neues. Das alte wurde per Locher ungültig gemacht.

Im Zeitalter der Geldautomaten und des bequemen Onlinebankings mag es mittelalterlich anmuten, zum Einzahlen und Abheben ein fadengeheftetes Büchlein mit sich zu führen. Anfangs besaß ich nur dieses eine, in späteren Jahren kamen weitere hinzu. Die mehr als handtellergroßen Sparbücher konnte man nicht so leicht verlieren wie eine Kreditkarte. Ich musste mir auch keine Nummer merken; um an Bares zu kommen, war die Vorlage des Personalausweises erforderlich. Ein Problem gab es dennoch. Als wir Ende der 1980er Jahre nach China gingen, ließen wir unsere Sparbücher in der Wohnung. Wir versteckten sie im Bücherregal. Nach unserer Rückkehr fanden wir nicht mehr alle. Ein Festgeldkonto war wie vom Erdboden verschluckt. Ich wusste, dass ich es in einem Buch deponiert hatte, nur eben nicht mehr, in welchem. Wochenlang haben wir gesucht. Ich habe jeden Band einzeln aus dem Regal gezogen und aufgeblättert – Zeitungsartikel, Notizzettel, Briefe, Fahrscheine und alte Quittungen fielen heraus, das Sparbuch blieb verschollen.

Erst 15 Jahre später ist es wieder aufgetaucht; es steckte in einer Jugendbuchausgabe von James F. Coopers »Lederstrumpf«, die ich auf dem Stapel der fürs Antiquariat bestimmten Bände abgelegt hatte. Der Stapel war mit der Zeit gewachsen und fiel eines Tages um. Was für ein Gefühl, das lang entbehrte Heftchen wieder in der Hand zu halten! Ich blätterte in ihm wie in einem Poesiealbum. Mehrere Bankmitarbeiterinnen hatten sich darin verewigt. Laut letzter Eintragung vom 16. September 1989 belief sich mein Guthaben auf 1.916 Mark. DDR-Mark natürlich.

– **Sparbuch**, *das: handschriftlich geführtes Heft zum Nachweis eines Sparguthabens auf der Bank, Genossenschaftskasse od. Post*

Drahtesel im Stall

Im Herbst 1989 sind wir, aus Peking kommend, auf dem Flughafen in Nanking gelandet. Wir kannten die alte chinesische Hauptstadt am Jangtse, dem größten Fluss Chinas, nicht; wir wussten noch nicht einmal, ob wir dort an der Universität erwartet wurden. Angeblich waren meine Bewerbungsunterlagen in den Wirren des Studentenaufstands auf dem Platz des Himmlischen Friedens in Peking verloren gegangen. Mit uns saßen etwa 100 Chinesen, zumeist Funktionäre und Geschäftsleute, in der Maschine. Nachdem die Triebwerke abgestellt waren, folgten wir den anderen die Gangway hinab. Weit und breit kein Abfertigungsgebäude. Wir liefen über das Rollfeld auf einen Schlagbaum zu, hinter dem ein Schuppen mit einem Blechdach stand. Nacheinander verschwanden alle Mitreisenden in dem Schuppen, um kurz darauf mit einem Fahrrad wieder zum Vorschein zu kommen. Die Chinesen klemmten ihre Aktenköfferchen fest, rafften die Hosenbeine und radelten davon. Plötzlich standen wir ganz allein auf dem Vorplatz. Meine Frau schaute sich nervös nach einem Taxi um. Ich ging mit unserem Sohn in den Schuppen, um nach den Koffern zu fragen.

Damals ahnte ich nicht, dass die Gepäckausgabe zugleich die letzte öffentliche Fahrradaufbewahrung war, die ich betreten sollte.

Keine Frage, ihr gebührt ein Ehrenplatz auf meiner Roten Liste. Warum bei uns die Fahrradschuppen, die bis in die 1990er Jahre in jeder Stadt, zumeist am Bahnhof, zu finden waren, geschlossen oder sogar abgerissen wurden? Weil wir zu bequem waren. Der Sprit war spottbillig und der Trend ging damals vom Familienauto zum Zweit- und Drittwagen. Wer schwang sich denn noch freiwillig in den Sattel, um zur Arbeit, zum Sport, zum Zug oder gar, wie die Chinesen, zum Flugzeug zu strampeln? Auch wenn sich die Entwicklung jetzt langsam wieder umzukehren scheint, ist man heute selbst in traditionellen Fahrradregionen ohne eigenen Pkw aufgeschmissen.

Und noch etwas: Als Radler lebt man nicht nur gefährlich, sondern wird auch im Handumdrehen um seinen fahrbaren Untersatz erleichtert. Wo es keine Unterstellmöglichkeit gibt, muss man seinen Drahtesel am Zaun oder an einem unbewachten Fahrradständer anschließen und auf Gott und den ehrlichen Mitmenschen vertrauen. Im glücklichen Fall fehlt am Abend nur die Satteltasche. Wenn man Pech hat, kehrt man ohne Sattel und Vorderrad heim. Ich habe erlebt, wie ein Mann, als er abends im Dunkeln aus dem Bus stieg, von seinem abgestellten Zweirad nur noch den mit einem Schloss an die Laterne geketteten Rahmen vorfand. Natürlich kann man sich vor dreistem Diebstahl schützen, indem man die wertvollsten Teile vorsorglich selbst abmontiert. Ich buckele mein Rad lieber vier Treppen hinauf und stelle es im Büro unter.

Ein Fahrradschuppen war praktischer. Dort gab man sein Fahrrad gegen eine geringe Gebühr in treue Hände. Der Drahtesel stand im Stall. Eine Aufsichtsperson kassierte und klemmte ein Zettelchen mit der Nummer zwischen die Speichen. Einen zweiten Zettel erhielt man als Pfand. Einstellen musste man sein Rad in der Regel selbst, was bei den Platz sparenden vertikalen Fahrradständern

Kraft und Geschick erforderte. Man war gut beraten, sich den Standort einzuprägen, damit man seinen Esel abends schnell wiederfand. Manchmal musste man ihn trotzdem suchen, weil der Fahrradfritze das Rad umgeparkt hatte.

Freilich lief, wie überall im Leben, auch hier nicht immer alles rund. Zum Beispiel schloss der Fahrradschuppen am Bahnhof F., von dem aus ich öfter mit dem Regionalzug in die Hauptstadt fuhr, um Mitternacht. In der Regel wartete der Wächter, ein grauhaariger Invalidenrentner, den letzten Zug mit der Spätschicht noch ab. Doch bei größerer Verspätung humpelte er heim. Dann stand man vor verschlossener Tür, musste wohl oder übel nach Hause laufen und sein Rad am nächsten Morgen abholen. Manchmal hatte der alte Mann mit uns Nachzüglern Mitleid. Dann lehnten, wenn der verspätete Zug einfuhr, alle Fahrräder draußen an der Schuppenmauer und jeder suchte sich seines heraus. Kein Einziges war angeschlossen. Rückblickend erscheint es mir wie ein Wunder, dass mir mein Drahtesel, auch wenn er nicht mehr ganz jung und bei Weitem kein Edeltier war, nicht geklaut worden ist.

— **Fahrradschuppen**, *der: überdachte u. bewachte Einrichtung, in der Fahrräder gegen eine Gebühr für einen od. mehrere Tage untergestellt werden*

Haben Sie Post für mich?

Jeden Morgen gehe ich zum Hausbriefkasten und ziehe die Zeitung heraus. Anschließend luge ich durch den Schlitz, ob da noch etwas darin steckt. Ein Brief vielleicht? Nur Werbewurfsendungen. Pizza jeder Art wird einem jetzt bis an die Haustür gebracht, im Dorf öffnet wieder ein Frisiersalon und ginge es nach den fleißig inserierenden Handwerksmeistern, bekäme unser Haus sofort ein Solardach, neue Fenster und jedes Jahr einen frischen Putz. Gegen Mittag hupt die Postfrau. Es gilt den Empfang eines Päckchens zu quittieren, mit einem elektronischen Stift, der aussieht wie ein Schreibgriffel, auf einem Minilaptop, der an eine Schiefertafel erinnert. Mit einem befremdlichen Piepton wird die Signatur gespeichert.

»Noch was?«, frage ich.

Die Postfrau schaut mich an.

»Haben Sie keinen Brief für mich?«

»Einen Brief? Leider nein.«

Die Frau ist Mitte 20 und mit PC, Handy und iPad aufgewachsen. In ihrem Auto, das durch seine gelbe Farbe und das Hornsymbol an die traditionelle Postkutsche erinnert, fährt sie fast nur noch Rechnungen, Drucksachen und kleine Pakete aus. In ihren Augen lese ich: Wer schreibt denn noch Briefe? Haben Sie keine E-Mail-Adresse?

Natürlich versende ich E-Mails und empfange auch Kurzmitteilungen, an manchen Tagen mehr, als mir lieb ist. Aber das ist nicht dasselbe. Ein Brief ist etwas viel Persönlicheres, er braucht Zeit und Muße. Briefeschreiben macht Mühe und erfordert ein gewisses Maß an Geduld, das kaum noch jemand aufzubringen vermag. Auch ich nicht.

Wenn man mit Tinte auf Papier schreibt, wählt man die Worte mit mehr Bedacht – bloß nicht verschreiben! – und liest sich am Ende alles noch mal in Ruhe durch. Dann faltet man das Blatt, damit es in den Umschlag passt. Adresse und Briefmarke drauf. Absender nicht vergessen. Halt, noch nicht zukleben! Wenn es sich um einen wichtigen Brief handelt, womöglich um einen Liebesbrief, sollte man besser noch eine Nacht drüber schlafen. Nach nochmaligem Lesen bringt man ihn anderntags zum Postkasten und wirft ihn ein. Das Herz klopft bis zum Hals, denn nun beginnt das Aufregendste: das Warten.

Ich habe schon lange keinen Brief mehr abgeschickt und frage nur noch aus Gewohnheit: »Haben Sie einen Brief für mich?« Wieder nur ein bedauerndes Kopfschütteln der jungen Briefträgerin. Brief*trägerin*! Was wurden bis vor wenigen Jahren noch für Poststapel von Haus zu Haus getragen! Auch wenn er immer seltener auf Reisen geht, der Papierbrief hat seinen Platz in der Kulturgeschichte. Man denke nur an die Korrespondenzen berühmter Feldherren, Schriftsteller, Musiker und Maler, die ganze Archive füllen. An Soldaten, die aus dem Feld schrieben, oder ihre auf ein Lebenszeichen wartenden Angehörigen: »Haben Sie einen Brief für mich?« Das Nein des Boten schmerzte, ließ aber weiter hoffen. Meine Urgroßmutter hatte die Feldpost ihres Mannes bis zu ihrem Tod aufbewahrt; noch mit über 90 Jahren las sie uns manchmal daraus vor.

Ja, ich bin ein Kind des zu Ende gehenden Briefpostzeitalters und habe selbst viele Hunderte, vielleicht sogar Tausende Briefe verfasst, mit der Schreibmaschine oder per Hand. »Mister Postman, look at me!«, sangen die Beatles. In meiner Schule wurden Brieffreundschaften mit sowjetischen Pionieren, den Komsomolzen, gepflegt. Jeder berichtete über sich, seine Familie und Hobbys und

legte ein Freundschaftsbild bei. Die mit Absender verse-
henen Umschläge wurden vom Lehrer eingesammelt und
als Klassensatz an Partnerschulen in der Sowjetunion
geschickt. Irgendwann antwortete mir eine Olga aus Moskau, deren in verschnörkelter, violetter Tintenschrift ver-
fasste Ausführungen ich im Unterricht übersetzen und laut
vorlesen durfte.

Ich war nicht scharf auf Post von Olga, wenngleich
ihr Foto eine Zeit lang meine Federtasche schmückte.
In ihrer schokoladenfarbenen Schulkleidung und mit
einer großen weißen Schleife im Haar erinnerte Olga
eher an eine Kindergeburtstagstorte. Ich war verrückt
nach Almut. Sie war groß, schlank und bekam schon
früh eine Brust. Wir blieben uns treu bis über die Schule
hinaus. Bei der Armee habe ich jeden Tag auf Post von
meinem *Almchen* gewartet. Sie schrieb mir immer in
der Biostunde. Ihre Briefe, mit Füllfederhalter abwech-
selnd auf blauem, gelbem und rosa Papier verfasst und
manchmal mit Blumenornamenten verziert, liegen verschnürt in einer Kiste im Keller. Alle. Auch der letzte, in
dem mir Almut mitteilte, dass sie sich in Warnemünde
in den Schlagzeuger der zur Kadettenfeier ihres Bruders
aufspielenden Rockband verliebt habe. Ein Schlag wie
aus heiterem Himmel. Mein Kompaniechef hatte wohl
Grund zu der Befürchtung, ich könnte mich vor Kummer erschießen, denn er gewährte mir zwei Tage Sonder-
urlaub. Zur Klärung einer persönlichen Angelegenheit,
wie auf meinem Urlaubsschein vermerkt war. Ich fuhr zu
Almut, was leider nichts mehr bewirkte. In meiner Ver-
zweiflung schrieb ich nach langer Zeit wieder an Olga,
erhielt aber keine Antwort.

30 Jahre später geschieht ein Wunder. Eines Tages klin-
gelt es an der Haustür. »Ein Brief für Sie.« Ich nehme den

Umschlag entgegen, es gibt nichts zu quittieren. Die Postfrau hätte ihn zusammen mit der Werbung in den Hausbriefkasten werfen können, doch sie wollte mich überraschen. Verwundert lese ich den Absender. Nicht Almut. Nicht Olga. Eine Mitschülerin, an die ich seit dem Abitur nicht mehr gedacht habe, schreibt mir in gestochener Handschrift über ihr Leben. Sie ist Ärztin und Mutter von drei Kindern. Jetzt, da ihre Kinder aus dem Haus sind, verspüre sie den Wunsch, noch einmal neu durchzustarten. Ihre Ehe – sie hatte einen Klassenkameraden geheiratet, den ich gut kannte – sei gescheitert.

Es ist ein langer, sehr warmherziger Brief. Ich lese ihn wieder und wieder und denke: Warum schreibt sie gerade mir? Und woher hat sie meine Adresse? Ich möchte ihr antworten, weiß aber nicht, was. Mehrmals schon saß ich grübelnd über einem Blatt Briefpapier, schrieb und verwarf das Geschriebene sogleich wieder. Manchmal schaffe ich es bis ans Ende, lasse den fertigen Brief über Nacht liegen, um ihn dann am Morgen zu zerreißen. Wahrscheinlich wäre ihr mit einer Kurzmitteilung mehr geholfen als mit einem Brief, der nie fertig wird. Doch dann stelle ich mir vor, wie sie, die meine neue Brieffreundin werden könnte, jeden Morgen die Postfrau grüßt und fragt: »Haben Sie einen Brief für mich?«

— **Brieffreundschaft**, *die: ausschließlich auf dem Postweg erfolgende private Korrespondenz, die über kurz od. lang zu einem Vertrauensverhältnis führt*

Tarnung für den Weihnachtsbaum

Die Tanne trug ihr silbernes Festtagskleid, die Stearinkerzen brannten, auf der Pyramide drehten sich die gedrechselten Bergmänner im Kreis. Alles war vorbereitet, wir saßen in der ofenbeheizten Stube und warteten. Mein Bruder und ich rutschten vor Ungeduld auf dem Sofa hin und her. »Der Weihnachtsmann hat uns bestimmt vergessen«, stichelte Mutter. »Ach was«, widersprach Großvater, während er in der Zeitung blätterte. »Der verspätet sich nur ein bisschen.« In Bitterfeld sei nämlich ein Kohlenauto umgestürzt, da komme der Alte mit seinem Schlitten schlecht durch. »Na, dann kann ich ja noch mal auf den Abort«, sagte Vater und erhob sich, um wie jedes Jahr um diese Zeit aufs Plumpsklo zu gehen. Wir konnten es kaum fassen: Wieso musste er immer am heiligen Abend! Kurze Zeit später polterte es im Hausflur. Mir blieb beinahe das Herz stehen, als jemand schweren Trittes die Treppe heraufkeuchte und dreimal an die Stubentür wummerte. »Herein!«, riefen wir mit erstickter Stimme.

Der Weihnachtsmann trug eine Pudelmütze und war in Vaters langen grauen Wintermantel gehüllt. Sein Gesicht verbarg sich hinter einer Larve mit frostroter Nase und wallendem Wattebart. Mein Bruder und ich sagten jeder artig ein Gedicht auf, dann griff er in den Kartoffelsack. Wie immer blieb ein Päckchen übrig und Knecht Ruprecht schaute sich suchend in der Stube um. Wo denn der Vati sei, wollte er wissen. »Auf dem Abort«, riefen wir wie aus einem Mund. »Soso. Hat er sich wieder verdrückt.« Er lachte dumpf unter der Maske und drohte zum Abschied mit der Rute.

Haben wir je ernsthaft an den Weihnachtsmann geglaubt? Am Anfang schon. Doch bald wurden wir misstrauisch. Die Indizien dafür, dass alles nur für uns inszeniert war, häuften sich. »Hast du seine Armbanduhr gesehen?«, rief aufgeregt mein Bruder. »Die sah genauso aus wie ... Und seine Hausschuhe ... Hast du das gesehen, an den Hacken runtergelatscht!« Natürlich hätten wir uns fragen können, wieso der Weihnachtsmann, der mit seinem Schlitten über die auf der Straße verstreuten Kohlen gerumpelt war, überhaupt Hausschuhe trug. Doch das war gar nicht mehr nötig. Mich hatte das Lametta an seiner Hose stutzig gemacht. Vater hatte zuvor mit uns den Baum geschmückt.

Die feinen, silbrig oder golden glitzernden Staniolstreifen, die Eiszapfen symbolisieren sollten, kennen die meisten nur noch durch Loriot. »Früher war mehr Lametta«, heißt einer seiner klassischen Sketche. Recht hatte er: Wir verteilten es mit vollen Händen. Das Lametta wurde büschelweise über die Zweige gelegt, sodass es beiderseits herabhing. Nach und nach bekam der Baum dadurch eine Fließform. Er sah aus, als wäre er mit flüssigem Silber übergossen worden, das beim Herabtropfen erstarrt war. Immer wieder fielen Streifen herunter und wurden an den Hausschuhen in der Stube verteilt, wo sie sich im Teppich festhakten und bis Ostern dem Staubsauger widerstanden. Es mag ja sein, dass Lametta ursprünglich zum Schmücken der Christbäume erfunden wurde, bei uns diente es der Tarnung. Wir haben unseren Baum hinter einem glitzernden Silberkleid versteckt. Mochte er auch schief oder verkrüppelt sein, dürr oder bauchig, trockene oder fast keine Nadeln mehr tragen, was machte das schon! Mit Lametta wurde er herausgeputzt. Ein Lamettabaum glitzerte und blinkte und wirkte jederzeit festlich. Zu guter Letzt bekam er sogar noch ein Spitzenhäubchen aus Feenhaar. Nach Neujahr wurde die Silberverkleidung dann wieder abgenommen und ordentlich in die Verpackung zurückgelegt. War das gebrauchte Lametta stark zerknittert, musste es vor dem nächsten Fest aufgebügelt werden.

– **Lametta**, *das: (italienisch »lama« = Metallblatt) schmale, dünne, glitzernde Metallstreifen aus Staniol, die zum Schmücken von Adventskränzen und Weihnachtsbäumen dienen*

Riesen mit gewaltigen Armen

Mit 30 Riesen wollte Don Quijote es aufnehmen. »Was für Riesen?«, fragte Sancho Pansa, sein Knappe. »Die mit den gewaltigen Armen, die zuweilen wohl zwei Meilen lang sind.« Das, was er da vor sich sehe, seien keine Riesen, sondern Windmühlen, mahnte Sancho. Und was sein Herr für Arme halte, seien die Flügel, die der Wind umdrehe. Doch Don Quijote war unbelehrbar. »Entflieht nicht, feigherzige und niederträchtige Kreaturen!«, drohte er. »Und strecktet ihr noch mehr Arme aus, so sollt ihr es dennoch bezahlen!« Mit Schild und Lanze ritt er gegen das vermeintliche Geschwader an und wurde vom Gaul geworfen. »Barmherziger Himmel!«, rief Sancho. »Hab ich's Euer Gnaden nicht gesagt, dass Ihr zusehn möchtet, was Ihr tut, und dass es Windmühlen sind, die ja jeder kennen muss, wenn er nicht selber welche im Kopf hat!« Don Quijote hatte sein Leben lang Windmühlen im Kopf. Dafür lieben wir ihn, den Ritter von der traurigen Gestalt, und danken seinem Schöpfer Miguel de Cervantes Saavedra, weil er mit seiner Parodie auf den Ritterroman die Windmühle zum Weltliteraturerbe erhoben hat.

Die Riesen dämmern dahin, doch die Windmühlengefechte gehen weiter. Windmühlen gibt es, seit der Mensch gelernt hat, sich nicht nur der Wasser-, sondern auch der Luftkraft zu bedienen. Selbst wenn längst kein Getreide mehr darin gemahlen wird, schmücken einige noch als Bau- und Kulturdenkmäler unsere Landschaft. Schon allein durch ihren Anblick bewegen sie unser Gemüt.

Die Mühle war einmal der Dreh- und Angelpunkt des Volkslebens und taucht daher in vielen Märchen und Liedern auf. Der gestiefelte Kater zieht aus der Windmühle in die Welt. Im Märchen vom Rumpelstilzchen prahlt der Müller vor dem König, seine Tochter könne Stroh zu Gold spinnen. Windmüller waren oft verzweifelt, denn sie litten große Not. Der dichtende Weimarer Schulmeister Wolfgang Haak kehrte auf einer Gedankenreise in die Tultewitzer Windmühle seiner Vorfahren zurück. Wie lebte es sich dort? Haaks Buch »Der Sohn des Windmüllers« liefert authentische Beschreibungen. »Arbeit, Arbeit, nichts als Arbeit«, erzählt der Großvater, der in einer Mühle aufwuchs. »Wenn der Wind ordentlich blies, rauschte und stöhnte die Mühle. Drinnen knarrte und knirschte es. Dann bimmelte das Glöckchen über dem Mahlgang.« Die Bauern rollten mit ihren Fuhrwerken aus der ganzen Umgebung heran, luden Säcke mit Gerste, Roggen und Weizen ab und rumpelten mit prallen, stäubenden Mehlsäcken wieder heim. »Das Dach unserer Mühle drehte sich in die entsprechende Windrichtung«, berichtet der alte Windmüller. Vorher hatte er das mit eigener Muskelkraft verrichten müssen. »Bei den Bockwindmühlen war es sogar nötig, die gesamte Mühle um den Hausbaum herum in den Wind zu drehen. Bei unserer Mühle stellte sich das Dach von selbst – auf einem riesigen Zahnkranz laufend – so ein, dass die Flügel immer gegen den Wind standen.«

Ich zitiere ausführlich, weil die Windmühlenwelt heute nur noch in den Köpfen einiger weniger Müllersöhne und -enkel existiert. »Das Wandern ist des Müllers Lust« – dieses und manch anderes Lied der ausgestorbenen Zunft klingt nach der Lektüre des Buches weniger romantisch. Überhaupt verdanken wir viele kluge Redewendungen der Mühle: Wer zuerst kommt, mahlt zuerst. Ein Mühlstein geht mir im Kopf herum. Die Mühlen der Bürokratie mahlen langsam …

Ich habe museale Windmühlen besucht und zuweilen beim *Holländer* zu Abend gegessen. Doch mein wundersamstes Mühlenerlebnis verdanke ich einer Zauberei: In dem DEFA-Märchenfilm »Die schwarze Mühle« nach der gleichnamigen Erzählung von Jurij Brězan spielen die Perserkatzen meiner Mutter mit: In einer Szene thronen sie im Kornspeicher als verwandelte Müllerburschen auf Säcken mit Gold und Silber. Mutter sah darin ein gutes Omen für ihre Zucht. Außerdem war der Film eine tolle Werbung, denn der Zwingername wurde im Abspann erwähnt. Keine Frage, ihre langhaarigen Stubentiger waren die heimlichen Stars der Kinoproduktion. Zu den Drehterminen wurden die Perser bei uns abgeholt und in Begleitung meiner Mutter 40 Kilometer weit zum DEFA-Filmstudio Babelsberg kutschiert, wo man die Zaubermühle, die allerdings von Wasserkraft getrieben wurde, nachgebaut hatte. Für die Katzenhalterin gab es ein königliches Honorar und selbst die Wege- und Wartezeiten wurden großzügig vergütet. Meine Mutter erzählte bald überall, ihre Katzen könnten Korn zu Gold mahlen.

– **Windmühle**, *die: Mühle, die mithilfe großer, an einem Rad befestigter Flügel durch Windkraft angetrieben wird*

Verliebter Eckermann

Schluss! Aus! Escape! Schon wieder sind die Daten weg. »Es ist ein Systemfehler aufgetreten. Starten Sie die Anwendung neu.« Das tue ich bereits zum dritten Mal. »Sollte das Problem wiederholt auftreten, wenden Sie sich an den Hersteller …« Wie oft habe ich ihn verflucht, meinen ersten Personalcomputer, kurz PC genannt. Mitte der 1990er Jahre holte ich ihn ins Haus. Als Spross des angebrochenen Informationszeitalters war er noch mit allerlei Schwächen und Kinderkrankheiten behaftet, manchmal auch einfach nur bockig. Man musste Geduld haben und ihm gut zureden. Gemeinsam überschritten wir die Schwelle zum Internet und drangen in virtuelle Welten vor. Der PC hat mir nicht nur die Schreibmaschine ersetzt, mit seiner Hilfe konnte ich nun auch Texte und Bilder speichern, Termine planen, Post versenden, telefonieren, spielen, surfen und – sogar flirten. Da mein PC von nun an die Rolle eines persönlichen Mitarbeiters übernahm, dem ich auch private Dinge anvertraute, taufte ich ihn nach Goethes berühmten Sekretär und Vertrauten *Eckermann*.

Mit Eckermann sparte ich viel Zeit, doch sein Charakter bereitete mir zunehmend Probleme. Das klingt vielleicht sonderbar, denn ein Computer ist schließlich kein Mensch, sondern eine Maschine. Eine intelligente, wie ich bald merkte. Eckermann tat nämlich nicht immer das, was ich von ihm verlangte. Manchmal stellte er sich stur, verweigerte einen Befehl oder nervte mich mit dem Stundenglas-Symbol. »Ecki, nun mach schon!« Es ärgerte mich, wenn Eckermann im Hintergrund Aktionen ausführte, von denen ich nichts wusste. Er wurde langsamer und ich saß ratlos da, denn ich konnte ihn nicht bestrafen. Wie viele

Freiheiten durfte man seinem Rechner einräumen? Und wie hielt man ihn bei Laune? Ich wusste nur: Eckermann war sehr sensibel. Packte ich ihn zu hart an, wurde er instabil. Ich hatte Angst, dass er sich etwas antun, sich womöglich sogar aufhängen könnte.

Einmal rief mich mein Verleger aus München an und fragte, ob ich ihm eine E-Mail geschickt hätte. Ich verneinte, doch er beharrte darauf, um 11:15 Uhr eine empfangen zu haben. Unmöglich, um diese Zeit war ich gar nicht zu Hause gewesen und ich hatte, bevor ich die Wohnung verließ, den Computer ordnungsgemäß heruntergefahren. Doch jetzt beschlichen mich Zweifel: War Eckermann wirklich abgeschaltet gewesen? Oder hatte er sich nur schlafend gestellt? Was er tun solle, drängte mein Verleger. »Auf keinen Fall die E-Mail öffnen!«, warnte ich. – »Zu spät«, sagte er. Ich hörte ihn fluchen. Sein Rechner war abgestürzt und ließ sich nicht wieder starten.

Es war eine aufregende Zeit, denn auch die Computerviren-Abwehr steckte noch in den Kinderschuhen. Natürlich hatte mein Verleger keine Firewall installiert. Er surfte, wie die meisten damals, vollkommen ungeschützt. Aus der Zeitung erfuhr ich, dass Geschäftsleute ihre schicken, teuren Silberköfferchen – es gab inzwischen die ersten Laptops – nicht mehr benutzten, weil das Betriebssystem darin Achterbahn fuhr. Oder weil sich auf der Festplatte Parasiten eingenistet hatten, die scharf auf Passworte und Kontonummern waren. Mir wurde mulmig. Konnte ich meinem persönlichen Sekretär überhaupt noch trauen? Wenn

Eckermann schon heimlich in meinem Namen E-Mails verschickte, schrieb er dann als Nächstes meine Texte um? Womöglich vertrieb er sich, wenn ich nicht da war, die Zeit damit, eigene Geschichten zu erfinden.

Machen wir uns nichts vor: Die Personalcomputer mischen sich in unser Leben ein; wir funktionieren längst in einer symbiotischen Verbindung. Als ich Eckermann austauschen wollte, verhinderte er das. Wieder waren alle Daten weg. Beim Computerservice schüttelte man bedauernd den Kopf: »Nichts mehr zu machen ...« In meiner Not bat ich einen Bekannten, der ein leidenschaftlicher Bastler war, sich der Sache anzunehmen. Der hatte bei der Jenaer Firma *Intershop* gearbeitet und seine eigene Methode, einem PC auf den Zahn zu fühlen. Er maß Eckermann den Puls, baute dann die Festplatte aus und nahm sie mit. »Bitte sei vorsichtig«, flehte ich, »darauf ist meine Arbeit der letzten sechs Monate gespeichert.« Nach einer knappen Woche brachte er die Festplatte zurück und setzte sie wieder ein. »Alles okay!«, versicherte er. Tatsächlich, meine Texte waren wieder da. Wie er das geschafft habe, wollte ich wissen. Er hätte, erklärte mein Bekannter, die Platte in ein Frotteehandtuch gewickelt, einige Stunden schwitzen lassen und dann mithilfe eines speziellen Computerprogramms die Datenlöcher geflickt.

Welch ein Glück, Ecki stand mir wieder zu Diensten. Er schrieb, druckte, surfte und chattete fleißiger als je zuvor. Und wurde immer schneller. Ja, er entwickelte jetzt manchmal bei der Umsetzung meiner Befehle eine so große Leidenschaft, dass ich ihn bremsen musste. Mit Sorge registrierte ich die eine oder andere kleine Eigenmächtigkeit. Manchmal änderte er in meiner E-Mail die Anrede, flocht Liebkosungen und Schmeicheleien ein oder zitierte aus erotischen Gedichten von Klabund und Brecht, die er sich aus dem Internet fischte. War das eine Folge des Hitze-schocks? Oder hatte sich Eckermann verliebt? Es kam noch schlimmer: Eines Tages, als ich eine vertrauliche Mail ans Finanzamt versenden wollte, erhielten wir überraschend Besuch. Kling! machte es und auf dem Monitor öffnete sich ein Fenster. Eine Geisterhand schrieb: »Hallo, ich bin Lena! Willst du mich mal nackig sehn?«

— **Personalcomputer**, *der: (kurz PC) persönlicher, universell nutzbarer, fest stationierter Rechner, bestehend aus Hardware (Gerätetechnik) u. Software (Programme)*

Siebzig auf einen Streich

Es gibt sie noch, in spröder, bunter Plasteausführung, die Schlagfläche siebartig durchbrochen, damit das Opfer durch die Luftbewegung nicht gewarnt werde. Doch seinen Namen verdankt das Instrument einer viel älteren und schlichten Ausführung. Die klassische Fliegenklatsche bestand aus einem Holzstab, an den ein handtellergroßes Stück Leder genagelt war. Man konnte sie sich selbst fertigen und sie war kinderleicht aus dem Handgelenk heraus zu bedienen, selbst wenn man schon über 90 war.

Urgroßmutters Fliegenklatsche glänzte vor Fliegenfett. Ihr Stammplatz war am Fenster, wo die alte Frau von ihrem Lehnsessel aus Jagd auf die an der Scheibe krabbelnden Kreaturen machte. Pardon wurde nicht gegeben. Fliegen sind lästig, sie krabbeln nicht nur gern am Arm, im Gesicht und auf der Nase, sondern lassen sich mit Vorliebe auf Fleisch, Wurst oder Kuchen nieder und sorgen für die Maden im Käse. Dafür gehören sie geklatscht, zerquetscht, zerlatscht, zwischen Daumen und Zeigefinger zerrieben. Wenn Urgroßmutter an heißen Tagen ins kühle Waschhaus flüchtete, hatte sie die Fliegenklatsche stets dabei. Im Waschhaus summte und brummte es den ganzen Sommer über bis in den Herbst, denn dort standen die Kiepen mit dem Fallobst für das Mus, warteten Eimer voller Johannisbeeren auf das Entsaften und waren vor den Feiertagen die großen Blechkuchen abgestellt. Das reinste Fliegenschissparadies!

Einmal tauchte überraschend der Pfarrer auf. Er wollte die alte Frau ermahnen, ihre Kirchensteuer zu entrichten. Urgroßmutter hatte schon über 60 Jahre nicht mehr gezahlt, seit Urgroßvater im Krieg geblieben war und sie ihre fünf Kinder hatte ganz allein aufziehen müssen. Ich sehe sie im Waschhaus sitzen, in schwüler, fliegendurchschwirrter Luft, die Klatsche in der Hand. Während der Pfarrer redet, hat sie nur Augen und Ohren für die hitzedösigen Fliegen. Fetsch! Ein dicker Brummer zappelt auf dem Wachstuch des Tisches. Und abermals fetsch! Diesmal ist es ein »dummes Luder«, weil die Fliege nach sekundenlanger Betäubung wieder zur Waschhausdecke aufsteigt und dort seelenruhig eine »Fumfzehn« macht. Der Pfarrer lächelt nachsichtig und versucht, das Gespräch über Umwege auf ein kirchliches Begräbnis zu lenken, doch Urgroßmutter lehnt ab. Noch einmal kommt er auf die nicht entrichtete Steuer zurück. Urgroßmutter hört nur noch halb hin, denn ihr Blick folgt einer schillernden Schmeißfliege, die langsam den Pfarrerärmel aufwärts bis zur Schulter krabbelt und auf einem Sonnenflecken ausruht. Ihr Handgelenk zuckt. Als sich die Fliege auf des Pfarrers schweißperlender Glatze niederlässt, holt Urgroßmutter Schwung ... Der Kirchenmann kommt nicht wieder. Die Klatsche aber entwickelt sich zu Urgroßmutters Hauptinstrument im Kampf gegen die Langeweile.

Freilich gab es auch andere Methoden, sich der lästigen Insekten zu entledigen. Meine Großmutter zum Beispiel fing die Fliegen mit der Hand, immer entgegen der Flugrichtung. Im HO-Kaufladen oder beim Bäcker wurden sie geleimt; kein schöner Anblick, so ein von der Decke baumelnder, in sich verdrehter Klebstreifen mit Hunderten von sterbenden Fliegen daran. Wenigstens surrten sie nicht mehr wie jene Geschwader, die sich in Großmutters Lampenschale verirrten. Von wegen Eintagsfliegen! Einige widerstanden dort Tage und Wochen, wurden rammdösig und umkreisten immerzu die Glühbirne, wobei sie sich Kopf und Flügel versengten, ehe sie ihre Brummerseele aushauchten. Von Zeit zu Zeit nahm Großvater die Lampenschale ab, um sie vom Fliegendreck zu reinigen. Die Kadaver landeten in der Asche. Es waren wirklich viele. Ich weiß es, denn als Kind habe ich exakt dar-

über Buch geführt, wie über fast alles, was sich zählen ließ: Autos, Telegrafenmasten, Gehwegplatten, Sperlinge, Feuerkäfer, Fliegen … Verirrte sich eine Grille, ein Maikäfer oder gar ein Singvogel ins Haus, wurde dem Gast umgehend die Freiheit geschenkt. Für die gemeine Stubenfliege gab es keine Gnade. Bekomme ich jetzt die Tierschützer auf den Hals? Muss ich mich wegen Beihilfe zur organisierten Fliegenquälerei verantworten? Ich fange meine Stubenfliegen übrigens im praktischen Papierlampenschirm – bis zu 70 auf einen Streich.

- **Fliegenklatsche**, *die: dünne Stange aus Metall, Holz od. Kunststoff, an der ein elastisches Blatt angebracht ist*

- **Fliegenfänger**, *der: mit einer klebrigen Mischung aus Kolophonium, Leinöl u. Honig überzogener Papierstreifen, an dem Fliegen kleben bleiben*

Primaballerina

Der Turnbeutel war aus einfachem, strapazierbarem Stoff, ließ sich leicht stopfen und mit einem Ruck zuziehen. Mithilfe seiner langen Schlaufe, Kordel genannt, konnte man ihn sich über die Schulter hängen oder mit ausgestrecktem Arm herumschlenkern, notfalls auch zur Selbstverteidigung einsetzen. Wenngleich im Innern keine Ordnung herrschte, hielt er doch die Utensilien, die wir zum Turnen brauchten, zusammen. Das waren in meinem Fall nur die Schuhe, denn Turnhose und Turnhemd trug ich drunter. Hat der Turnbeutel seinen Ursprung im Bündel der Landstreicher und Vagabunden, das gut verschnürt an einem Stecken über der Schulter getragen wurde?

Ich bekam ihn noch vor der Schuleinführung, zusammen mit einem Paar Ballettschuhe. Es mussten unbedingt weiße Schuhe sein, denn ich besuchte den russischen Kindergarten, wo wir den Schneeflockentanz für das Tannenbaum-Fest probten. Leider habe ich nur lückenhafte Erinnerungen an jene Zeit, in der alles ein wenig anders war: Im Russenkindergarten gab es Makkaroni mit Zucker und Griesbrei mit Salz. Nach dem Mittagessen ruhten wir auf Campingliegen und als ich mal auf der Spritzeisbahn im Hof stürzte und mir dabei Wange und Kinn aufschürfte, wurde ich mit einer giftgrünen Heiltinktur betupft.

Der Turnbeutel war für mich im unermesslichen Sowjetreich ein Stück Heimat. Großmutter hatte ihn aus einem Mehlsack genäht; als wir ihn auspackten, staubte es. Er lag zusammen mit meinen Ballettschuhen in einem Päckchen, das in Bitterfeld aufgegeben und per Luftfracht nach Moskau befördert worden war. Leider kam es zu spät, denn kurz vor der *Schneeflöckchen*-Premiere war ich aus dem

Rennen genommen worden. Da die Kindergärtnerinnen Russisch mit mir sprachen und ich kaum etwas verstand, befolgte ich ihre Anweisungen mehr schlecht als recht; und meine Eltern, die die Generalprobe besucht hatten, erzählten später, ich wäre zwischen den tanzenden Sowjetkindern herumgehüpft wie ein steifer deutscher Ziegenbock.

Im Jahr darauf besuchte ich die erste Klasse der Botschaftsschule. Unterrichtet wurde in einem Gebäude am Moskauer Stadtrand. Den täglichen Transfer übernahmen drei *Robur*-Busse aus dem VEB Zittau, die wir aufgrund ihrer Farbe »Gurke«, »Pflaume« und »Zitrone« nannten. Eine Turnhalle hatten wir nicht. Stand Turnen auf dem Stundenplan, wurden im Klassenraum die Tische und Stühle an die Wand geschoben und wir machten auf dem Parkettboden unsere Übungen. Zum 60-Meter-Lauf traten wir auf dem asphaltierten Hofgelände an. Die meisten Mitschüler hatten Leder- oder Stoffturnschuhe, ich nur meine vorn abgestumpften und schon ziemlich ausgelatschten Ballettschuhe, weshalb sie mich »Primaballerina« nannten. Einmal nahm die Hänselei Überhand und ich ließ den Beutel mit den Schuhen, meiner Brotbüchse und zwei, drei kleinen Äpfeln wie ein Lasso über meinem Kopf kreisen. Es juckte mir in den Fingern loszulassen. Zum Glück wurde ich von der Lehrerin ermahnt. Sie stand bereits an der mit Kreide gezogenen Linie, die Startklappe in der Hand. Widerwillig streifte ich mir die federleichten Dinger über die Füße. Ich musste gegen die dicke Cordula, die Langsamste der Klasse, antreten, die in Straßenschuhen lief. »Auf die Plätze, fertig …!« Unter dem

Gejohle der Mitschüler rannten wir los. »Lauf, Ballerina, lauf!« Ich spürte die Schuhe gar nicht, dafür aber selbst die kleinsten Steinchen unter meinen Sohlen, weshalb ich möglichst leicht aufzutreten versuchte. Am Ende tänzelte ich knapp vor der stampfenden Cordula ins Ziel. Leider gab es keine Haltungsnoten.

— **Turnbeutel,** *der: von Kindern zum Transport der Sportsachen genutzter, handlicher Beutel aus Stoff mit Kordelzug*

Erst winken, dann abbiegen

Wer weiß noch, wozu eine Motorkurbel diente, und wer kann erklären, wie ein Autowinker funktionierte? Mit der Kurbel, die meist griffbereit in der Fahrerkabine klemmte, wurde mit kräftigem Armschwung der Motor angeworfen, von außen natürlich. Und der Winker war der Vorläufer des Blinkers, ebenfalls ein Relikt aus grauer Automobilvorzeit. Wer in den Nachkriegsjahren keinen Winker am Fahrzeug hatte, musste eine Kelle mitführen. Wenn man abbiegen wollte, wurde das Fenster geöffnet und die Kelle herausgehalten, wie man es manchmal noch bei Pferdefuhrwerken sieht. Ende der 1940er, Anfang der 1950er Jahre hatten jedoch fast alle Autos links und rechts den vorgeschriebenen Winker. Das war ein 15 Zentimeter langer und zwei Zentimeter dicker Pfeil aus rotem Kunststoffglas. Innen befand sich eine Glühbirne. Der Pfeil war senkrecht in einem Metallgehäuse am Lkw-Fahrerhaus, bei Personenwagen im Dachholm verborgen. Legte man den Kipphebel am Armaturenbrett nach links um, sprang der linke Pfeil auf. Kipphebel nach rechts, rechter Pfeil. Hebel wieder in die Mittelposition: Winker kehrte in seinen Kasten zurück. Der Vorgang wurde von einem Klacken begleitet, das aber nur zu hören war, wenn der Motor nicht lief. Ein Elektromagnet sorgte dafür, dass sich der jeweilige Pfeil erhob. Schon ab Mitte der 1950er Jahre wurden alle neuen Autos mit Blinklichtern ausgestattet.

Es gibt aber heute noch Regionen, wärmere zumeist, in denen die Autofahrer auf das Winken nicht verzichten. Als Abendländer musste ich, ehe ich mich in Damaskus in den Kreisverkehr stürzen durfte, die ortsüblichen Regeln studieren. Ich fuhr die erste Zeit bei Abu Sajah mit, dem

Chauffeur des DDR-Kulturzentrums. Abu Sajah war ein weißhaariger, alter Herr und Vater von einem Dutzend Kinder. Um nichts zu riskieren, fuhr er langsam im vierten Gang, immer bei heruntergekurbelter Scheibe, den linken Arm auf den Fenstersims gestützt. Wie alle Araber ignorierte er die Blinklichter, als wären sie am Fahrzeug gar nicht vorhanden. Wollte er nach links abbiegen, streckte er einfach den Arm heraus und ließ ihn baumeln. Wollte er nach rechts, winkelte er den Arm nach oben an, bis die Handfläche das Autodach berührte. Es dauerte eine Weile, ehe ich begriff, dass Abu Sajahs linker Arm als Klapp-Pfeil fungierte. Die vor und hinter uns Fahrenden verstanden die Signale, sie benutzten sie ebenso.

Nach einigen Wochen hatte ich mich an das arabische Winkersystem gewöhnt und machte im lärmenden Damaszener Straßenverkehr meine ersten Armbeugen. Es klappte. So bewegte ich mich zwei Jahre lang mit Handzeichen und sonnengebräuntem linken Unterarm durch die arabische Welt – unfallfrei. Schwieriger war die Rückgewöhnung daheim im inzwischen vereinigten Deutschland. In der ersten Zeit vergaß ich, beim Abbiegen den Blinker zu betätigen. Ich fuhr bei schönem Wetter mit heruntergekurbelter Scheibe weiter nach den Regeln des Morgenlandes, so wie ich es von Abu Sajah gelernt hatte. Meine Landsleute verstanden das nicht und reagierten unbeherrscht: Sie hupten, krümmten den Zeigefinger und tippten sich an die Stirn.

– **Autowinker**, *der: mechanischer Fahrtrichtungswechselanzeiger in Pfeilform, der mittels eines Elektromagneten bewegt wird*

Heidekraut im See

Als Urgroßmutter nicht mehr laufen konnte, legten wir ein Brett quer über den zweirädrigen, luftbereiften Karren, hievten sie darauf und schoben sie durchs Dorf. Die alte Frau staunte, wenn sie hier oder dort eine kleine Veränderung bemerkte. Manchmal ritten mein Bruder und ich als ihre Kundschafter auf unseren Fahrrädern aus. Nach unserer Rückkehr wurden wir von der alten Frau nach Einzelheiten befragt: »Ist denn der Oberschte Teich noch full? Steht denn das alte Forschthaus noch? Hamse etwa den Krinaer Doppelbusch ooch schon fortjebachert?«

Von ihrem Fenster aus hörte sie Tag und Nacht das Quietschen der schürfenden Kettenbagger, das Hupen der rangierenden Züge. Ihr Gesicht verfinsterte sich, als wir das Verschwinden des *Luitgenblattes* meldeten, eines nahen Wäldchens mit einer Birkenallee, durch die Urgroßmutter als junges Mädchen oft gelaufen war. Ihre Miene verriet Skepsis: Konnte etwas verschwinden, das in ihrer Erinnerung fest verwurzelt war? Wie hätte sie wohl reagiert, wäre sie noch Zeugin geworden, wie eines Tages die Mulde umgeleitet und im ausgekohlten Tagebau angestaut wurde? Ein See, wo immer nur Sand und Heide war! Urgroßmutter hätte argwöhnisch auf die sich kräuselnde Wasserfläche gestarrt und tief unten, auf dem Grund des Sees, noch Fichten, Birken und Heidekraut erblickt.

Es gibt nicht nur Dinge und Gewohnheiten, sondern auch Landschaften und Orte, die vom Verschwinden bedroht sind. Zum Beispiel M., jenes Dorf mit etwas mehr als 1.000 Einwohnern, in dem ich den größten Teil meiner Kindheit verbracht habe. In den 1960er Jahren sollte es mit noch einigen anderen Ortschaften im Halle-Leipziger

Braunkohlerevier den vorrückenden Tagebauen weichen. Zum Glück versank M. nur im Dreck. Noch in den 1980er Jahren bekamen die Einwohner die Folgen der Auskohlung zu spüren. Wehte der Wind von den Restlöchern her, blies er schwarze Staubwolken ins Dorf; schlagartig verdüsterte sich der Himmel und die Autos mussten bei Tag mit Licht und im Schritttempo fahren. Meine Großeltern ertrugen diese Wetterschläge mit stoischer Geduld. »Es wird finster«, verkündete Großmutter und ließ im ganzen Haus die Jalousien herunter. Erst wenn sich der Wind gelegt hatte, zog sie diese wieder hoch und fegte ein Kehrblech voll Kohlenstaub von den Fenstersimsen. Jahrzehntelang konnten sich die Dorfbewohner gegen die Umweltverschmutzung kaum wehren, da bis zur politischen Wende nicht das ökologische Vergehen, sondern dessen öffentliche Anprangerung strafrechtlich verfolgt wurde. Erst 1990, als der längst stillgelegte Tagebau noch zur Bernsteinförderung künstlich trocken gehalten wurde, sandte die Gemeinde ein Protestschreiben an den letzten Ministerpräsidenten der DDR, den Genossen Hans Modrow.

Nach dem Tod meiner Großeltern habe ich einen Bogen um M. gemacht; ich wollte das Dorf so in Erinnerung behalten, wie es zu ihren Lebzeiten gewesen war. Doch eines Tages erhielt ich eine Einladung: M. sei jetzt Europäisches Buchdorf und ich solle dort lesen. Ich fuhr mit dem Auto hin und erkannte die mir so vertraute Gegend kaum wieder. Am Muldestausee war ein Wäldchen gewachsen, auf dem Wasser segelten Jachten und auch der riesige Bitterfelder Tagebau, die Goitzsche, wurde geflutet. Kaum noch Schmutz und keine Kohlenstaubstürme mehr. Die Heimat hatte sich schön gemacht, doch die meisten Dorfbewohner waren jetzt arbeitslos oder Rentner. Trotzdem entfaltete das Dorf einen eigenwilligen Charme. Im ehemaligen Konsum gab es nur noch geistige Kost, auch beim Bäcker, im Schulhaus, im Gemeindeamt und sogar in der alten Schmiede wurden Bücher feilgeboten. Der Gastwirt am Untersten Teich, bei dem ich mich einquartierte, zeigte mir stolz sein Lesestübchen für Kinder. M. hatte sich mit dem Nachbardorf zusammengetan und zu einer Mustergemeinde mit 14 Antiquariaten gemausert.

Das Haus meiner Großeltern stand noch, aber der neue Eigentümer hatte den Vorgarten mitsamt der Birn- und Pflaumenbäume zum Parkplatz eingeebnet und das Hoftor aus den Angeln gehoben. Anstelle von Scheune und Waschhaus leuchtete fremd die Fassade eines modernen Eigenheimes, das direkt hinter dem Haus stand. Auch der Altbau, in dem ich jeden Winkel kannte, hatte sich verändert. Urgroßmutters im Parterre gelegene Stube, ihr Beobachtungsposten, hatte einen gläsernen Vorbau erhalten und diente jetzt als Versicherungsbüro.

– **Heimatdorf**, *das: kleiner Ort, in dem man (geboren u.) aufgewachsen ist od. sich durch ständigen Aufenthalt zu Hause fühlt*

Die letzten Wälzer

Kaum zu glauben, aber wahr: Unsere Zwergspitzhündin Laika wurde ein Opfer von »Meyers Enzyklopädischem Lexikon«. Das Buch glitt meinem Vater beim Nachschlagen aus den Händen, prallte gegen die Regalkante und traf den Hund, der friedlich auf dem Teppich schlummerte. Zum Glück nur am Hinterteil. Doch die Wucht eines in Leder gebundenen Wälzers, doppelt so groß und mindestens viermal so schwer wie das schmächtige Tier, war nicht zu unterschätzen. Laikas Jaulen alarmierte meine Mutter, die mit dem Hund auf dem Arm sofort zur Tierärztin eilte. Sein Becken war gestaucht und das rechte Hinterbein gebrochen, es musste geschient werden. Außerdem wurde in Laikas linkem Ohr ein Riss entdeckt, doch ich bin mir sicher, dass dieser nicht mit auf Joseph Meyers Konto ging.

Das ist lange her und wahrscheinlich hätte ich mich gar nicht mehr daran erinnert, hätte sich nicht kürzlich Meyers Konkurrent und späterer Partner Friedrich Arnold Brockhaus aus unserer dinglichen Welt verabschiedet. Ein letzter Gruß: »Wir gehen online!« Klick. Ach Balalaika ... Die Hündin klapperte ein paar Wochen auffällig mit ihrem Holzbein und wurde mit Extramahlzeiten verwöhnt. Irgendwann hinkte sie nur noch in Erwartung der Fütterung, dann vergaß sie selbst das. Ihr Respekt vor Büchern blieb. Laika wurde 17 Jahre alt. Nie wieder hat sie sich im Arbeitszimmer meines Vaters in die Nähe des Killerregals gewagt.

Wissen ist nicht nur Macht, es hat auch Gewicht. Hatte, muss man leider sagen, denn die Enzyklopädien haben sich unserer Hand entzogen. Längst ist auch der gute alte Brockhaus, eine der letzten Bastionen bürgerlichen Bildungsgutes, im Netz. Dort streitet er sich mit den Herren Meyer, Duden und Bertelsmann und einem Bastard namens Wikipedia auf den Seiten der Suchmaschinen um die besten Plätze. Von A wie Aachen bis Z wie Zyste – alles noch vorhanden, doch nur noch virtuell. Kein Pappdeckel, kein Leder oder Leinen, kein Goldschnitt, kein Schutzumschlag, kein Klappentext, kein Lesebändchen und keine Druckerschwärze mehr. Man kann weder mit Fingern darin blättern noch mit der Hand über die Seiten streichen. Ein Schimmer auf kaltem Metall. Das Werk ist unantastbar, nur noch Schein.

Bücherlesen im Internet hat etwas von künstlicher Befruchtung. Es fehlt der körperliche Kontakt. Und drückt man eine falsche Taste, verschwindet die Schrift. Nein, virtuelle Liebe reicht mir nicht. Ich möchte von echten Wälzern umlagert sein, sie riechen und ihre Umfänge spüren, auf dem Schreibtisch, im Lehnsessel, auf dem Sofa oder im Bett. Beim Umblättern soll es rascheln. Ich bin kein Freund von Eselsohren oder Kaffeeflecken, doch Hauptsache, das Werk liegt auf dem Frühstückstisch. Einem guten Buch droht vom häufigen Aufschlagen schlimmstenfalls Maulsperre. Ein schlechtes staubt vor sich hin wie ein ungeöffnetes Einweckglas. Ich habe keine Ahnung, wie sich Leute fühlen, die kein einziges Buch in ihrer Wohnung haben. Ich weiß nur, dass ich es bei ihnen nicht lange aushielte, denn ich käme mir verwaist vor. Ein Königreich für ein Bücherregal! Oder zwei, drei, viele. Am liebsten gleich eine ganze Bücherwand. Meine über Generationen gewachsene und weitervererbte Privatbibliothek verströmt den Geist der Geschichte und ist das schönste Problem, wenn ich mal umziehen muss. Man braucht Unmengen von Kartons und Kisten und kann sich leicht verheben. Ist erst einmal alles im Trocknen, lasse ich mir mit dem Einsortieren Zeit. Streng nach Alphabet, nach Sachgebieten geordnet oder einfach der Größe nach? Eigentlich möchte man mit dieser Arbeit nie fertig werden. Herrlich, wenn die zu verschiedenen Formaten gebundenen Druckwerke, in kleinen Stapeln oder verstreut, auf dem Fußboden liegen, jungfräuliche neben zerlesenen. Ich nehme sie einzeln in die Hand, schlage sie auf und lese mich fest. Irgendwann sind die Regale dann aber doch wieder gefüllt und es bleibt ein Rest. Immer bleibt ein Rest von 20, 30, 40 oder mehreren Hundert Bänden, weil ich es nicht übers Herz bringe, mich auch nur von einem einzigen Buch zu trennen. Doch, einmal, ein einziges Mal, das muss ich gestehen, habe ich tatsächlich ein Buch auf den Müll geworfen, denn Laika sah das anders. Die Hündin hatte sich in mein Zimmer geschlichen und auf »Brehms Tierleben« gekotzt. Vermutlich aus Rache.

- **Nachschlagewerk**, *das: ein- oder mehrbändiges Lexikon in gebundener Form, das man zum Wissenserwerb aus dem Bücherregal ziehen od. aus einer Bibliothek entleihen kann*

- **Meyers Lexikon**, *das: bedeutendes enzyklopädisches Werk in deutscher Sprache, das im 19. u. 20. Jahrhundert in mehreren Auflagen vom Bibliographischen Institut in Leipzig herausgeben wurde u. nach dessen Gründer Joseph Meyer benannt ist*

Ode an eine stumme Dame

»Es stehen die Litfaßsäulen/verstreut, den Leuchttürmen gleich,/und lassen vom Wind sich umheulen,/und werden im Regen ganz weich.« Joachim Ringelnatz hat der »Annoncier-Säule« ein literarisches Denkmal gesetzt. Fritz Lang verhalf ihr 1931 in seinem Leinwanddrama »M – Eine Stadt sucht einen Mörder« zu schauerlichem Ruhm. Im Krimi »Der dritte Mann« von 1949 läuft Orson Welles über einen großen Platz und verschwindet durch eine geheime Klapptür in der Säule. In Erich Kästners Kinderbuchklassiker »Emil und die Detektive« suchen die jungen Verfolger hinter ihr Deckung. Und in dem DEFA-Streifen »Moritz in der Litfasssäule« schlägt der kleine Ausreißer sogar sein Nachtlager in ihr auf. Die Leute gehen lesend um den zwei bis drei Meter hohen Hohlkörper herum und ahnen nichts von seinem Geheimnis.

Obwohl sie berühmt ist, sind die Tage der Litfaßsäule gezählt. Während ich an ihrem Nachruf schreibe, wird direkt vor meinen Augen wieder eine abtransportiert. Sie ist ausgefranst und zerzaust, denn der Plakatierer hatte sich gar nicht mehr die Mühe gemacht, vorm Aufbringen der neuen die alten Drucke zu entfernen. Zuletzt war sie rundum mit Durchhalteparolen aus der dritten Fußball-Liga bepflastert. Welch ein Trauerspiel!

Nein, so viel Missachtung hat die alte Vorzeigedame, die ihre Blüte im 20. Jahrhundert hatte, nicht verdient. Was sie alles auf ihrem Leib anpries und verkündete, erfährt man aus dem schon eingangs zitierten Gedicht: »Theater ... – Auktion – ... Zigaretten ... –/Wohltätigkeits ... – Raubmord ... – und Sport ... –/Proteste ... – Amtliche ... – Betten ... –/Kurz alles in Bild oder Wort.« Die

Annoncier-Säule ist nach dem gewieften Schauspieler und Drucker Ernst Litfaß benannt, der ihren Prototyp in Paris entdeckte und ihn sich 1855 in Preußen patentieren ließ. Anfangs aus Holz, schlank und transportabel, wurde die Litfaßsäule bald in Beton und Eisen gegossen und stand auf allen öffentlichen Plätzen. An ihr wurde 1922 die erste *Persil*-Frau berühmt und konnte man Marlene Dietrich als fesche *Lola* bewundern. In den 1930er Jahren bekleckerte Hitlers Propagandaminister alle Säulen mit seiner braunen Soße. Nach dem Krieg klebten dort die Bekanntmachungen der Besatzungsmächte, ehe das nun mitunter sogar beleuchtete und sich langsam um die eigene Achse drehende Objekt in der Wirtschaftswunder-Zeit erneut zum Werbeträger wurde.

Doch heute wirbt man lieber in virtuellen Welten. Die digitale Revolution mag keine dicken Damen und wird über kurz oder lang das Schicksal der Annoncier-Säule besiegeln. Wer will denn auch noch mit Leiter, Bürste und Leimtopf durch die Straßen laufen, um sie zu bekleben? Säulenheilige, die den Jahrtausendwechsel überdauert haben und nicht als WC oder Blumenladen zweckentfremdet wurden, werden schon jetzt von Google-Nutzern wie Monumente aus der Steinzeit bestaunt. Unglaublich: Man kann um sie herumgehen und die Bekanntmachungen berühren. Tauben und Spatzen können sich auf ihrem Dach niederlassen und sie bekoten. Der Hund hebt an ihr sein Bein und der Sprayer entleert ungeniert seine Farbdosen. Im Grunde lässt die stumme, alte Dame so ziemlich alles mit sich machen. Nur wegklicken lässt sie sich nicht.

— **Litfaßsäule**, *die: nach ihrem Erfinder Ernst Litfaß (1816–1874) benannte, öffentliche Anschlagsäule, an die Plakate geklebt werden*

Ewig Aschermittwoch

Die Aschentonne – nicht zu verwechseln mit der Mülltonne, in die heute manchmal auch Asche gelangt – war rund und aus Blech, sie hatte zwei angeschweißte Tragegriffe und einen Klappdeckel, der beim Öffnen quietschte und beim Zuwerfen ordentlich scheppert. In Gegenden, in denen weiter mit Kohle geheizt wird, kann man sie zwar noch bewundern, etwa in der Mark Brandenburg. Aber auch dort ist sie auf dem Rückzug. Schade, denn die Aschentonne war von robuster Statur und nicht halb so zimperlich wie ihre Schwester, die Plaste-Mülltonne; man konnte sogar jede Menge Glut hineinschütten, ohne dass sie weich wurde. Und sie brauchte keine Räder. Die volle Tonne wurde einfach angekippt und drehend auf der Kante fortbewegt. Nichts für zarte Pfötchen! Die Aschenfahrer beherrschten diese Technik im Schlaf, sie trieben die Aschentonnen mit ihren behandschuhten Pranken scheinbar mühelos wie Kreisel vor sich her.

Müll ist ein Wohlstandsprodukt und eher städtisch, als Begriff gehörte er nicht zum Wortschatz meiner Großeltern. Auf dem Land fiel ja auch gar kein Müll an. Organische Abfälle landeten auf dem Mist. Pappe, Papier, Flaschen und Gläser wurden gesammelt und zum Altstoffhändler gebracht. Kunststoffverpackungen kaufte man nach Möglichkeit gar nicht erst ein. Was sich nicht im Haushalt verwerten ließ, aber brennbar war, kam in den Ofen. So war Asche letztlich das einzige, da unvermeidbare Abfallprodukt. Großvater entleerte die Aschenkästen in einen Kessel auf dem Hof. War der Kessel voll, wurde er auf den Hundewagen gehievt und auf der Gemeindedeponie am Rand eines Tonlochs ausgekippt.

Während die Großeltern bis zuletzt ohne die behördlich verordnete Aschentonne auskamen, legte sich mein Vater gleich mehrere zu. Aus purer Not. Erst zwei, dann drei, dann vier; bald verunstaltete eine ganze Tonnenbatterie die Auffahrt zu unserer Garage. Doch die Tonnen quollen trotzdem über. Das lag zum einen an der mangelnden Qualität der Briketts, mit denen die Zentralheizung im Keller bestückt wurde, zum andern an der Lage unseres Hauses. Es stand auf einem Eckgrundstück und somit waren für die sich kreuzenden, unbefestigten Straßen gleich zwei Müllfahrzeuge zuständig. Abgefahren wurde immer mittwochs. Wegen der vielen Schlaglöcher hörte man die Kumpel frühmorgens schon aus der Ferne. Rumpelnd kamen die Fuhren näher. Da jedoch keine der Besatzungen der anderen die Arbeit abnehmen wollte, fuhren beide regelmäßig an unserem Haus vorbei. Da half kein Winken und Rufen, unsere Asche blieb in den Tonnen. In der kommunalen Wohnungsverwaltung versprach man, mit den Müllfahrern zu reden, doch es änderte sich nichts. So sah sich Vater in einem harten Winter gezwungen, auch noch unsere Zinkbadewanne mit der Ofenasche zu füllen und schließlich die vollen Eimer dazuzustellen. Irgendwann erbarmte sich dann doch einer der Kumpel unserer Tonnen und Wanne und entleerte sogar die vollen Ascheneimer, wobei er unsere Eimer gleich mit entsorgte.

— **Aschentonne,** *die: zylindrischer, verschließbarer Behälter aus Blech, in dem die Asche bis zur öffentlichen Abfuhr gesammelt wird*

Fliege im Cockpit

In meiner Jugend las ich mit großer Leidenschaft Science Fiction, die bei uns *wissenschaftliche Phantastik* hieß. Ungeduldig wartete ich auf neue Bücher von Robert Merle, Ray Bradbury oder den Brüdern Arkadi und Boris Strugatzki. Aus einer Illustrierten erfuhr ich, dass der polnische SF-Autor Stanisław Lem wieder einen Erzählungsband abgeschlossen hatte, dessen deutsche Ausgabe als Vorabdruck in der liberaldemokratischen Zeitung *Der Morgen* erschien. Ich radelte sofort zum Kiosk, doch das Blatt war vergriffen. Am nächsten Tag stand ich schon früh vor der Kioskfrau, die mir eine druckfrische Ausgabe verkaufte. Ich fand die Fortsetzung unten auf der Kulturseite der Zeitung, wenn ich mich recht erinnere, unter dem Titel »Geschichten vom Piloten Pirx«.

Es war bereits die fünfte Folge. Weltraumkadett Pirx war ein Pechvogel. Bei einem seiner Testflüge befand sich eine Fliege mit an Bord, die das Raumschiff fast zum Absturz brachte. Der arme Kerl versuchte alles, doch er bekam den umherschwirrenden blinden Passagier einfach nicht zu fassen. Schließlich setzte sich die Fliege auf die blanken Enden eines Kabels und löste verschmorend eine Havarie aus. »Fortsetzung folgt«, hieß es an dieser Stelle und ich musste mich bis zum nächsten Morgen gedulden, um zu erfahren, wie es weiterging.

Obwohl sie einen auf die Folter spannten, waren Fortsetzungsgeschichten sehr beliebt. Mithilfe der in kleinen Portionen verabreichten literarischen Kost gelang es Zeitungs- und Zeitschriftenverlegern, die Auflage ihres Blattes zu steigern. Auf der anderen Seite erreichten literarische Werke über die Zeitung eine enorme Leserschaft, darun-

ter auch viele Menschen, die sonst gar keine Bücher lasen. Fortsetzungsromane waren unterhaltsam und leicht verdaulich, denn man sollte sie am Frühstückstisch, im Café, im Wartezimmer, im Bus, im Zug oder in der Straßenbahn konsumieren. Manchmal bot die Lektüre zudem auch noch Diskussionsstoff. Auf der Leserbriefseite des *Bauernecho* stritt man monatelang darüber, ob der Held in Erwin Strittmatters dort abgedrucktem Roman »Ole Bienkopp« für DDR-Verhältnisse typisch sei oder ob der Autor die Wirklichkeit nicht subjektiv verzerre. Die Redaktion fasste von Zeit zu Zeit den Stand der mit großer Leidenschaft geführten Debatte zusammen, wobei sie ihren eigenen Standpunkt, der dem der Parteiführung entsprach, mit einbrachte.

Laut Lexikon geht die Fortsetzungsgeschichte, die man als Vorläufer der Fernsehserie betrachten kann, auf den Hamburger Herausgeber und ersten Zeitungsredakteur der Pressegeschichte, Georg Greflinger (1618–1680), zurück. Franz Eugen Schlachter veröffentlichte in seiner evangelischen Zeitschrift *Brosamen von des Herrn Tisch*, die von 1888 bis 1907 erschien, Fortsetzungsgeschichten, die er später auch als Buch herausgab. Weltberühmte Romane wie »Oliver Twist« und »David Copperfield« von Charles Dickens, Alexandre Dumas' »Der Graf von Monte Christo«

oder die von Arthur Canon Doyle ausgeklügelten Kriminalfälle eines »Sherlock Holmes« kamen als Zeitungsfolgen zur Welt. Einer der fleißigsten Fortsetzungsschreiber war der sächsische Schriftsteller und Hochstapler Karl May. In Spemanns Illustrierter Knaben-Zeitung *Der gute Kamerad* erschien 1888/89 vorab sein Jugendbuch »Der blaurote Methusalem«, noch unter dem feuilletonistischen Titel »Kong-Kheou, das Ehrenwort – Eine lustige Studentenfahrt nach China«. Ab 1890 folgte sein Wildwestroman »Der Schatz im Silbersee«. Wie alle schreibenden Serientäter stand Karl May ständig unter Hochdruck, musste doch Woche für Woche die Handlung weitergesponnen und der Leser bei der Stange gehalten werden, obgleich der Ausgang der Geschichte noch gar nicht feststand.

Als Fan des Piloten Pirx, dessen Abenteuer ich nun jeden Tag aus der Zeitung ausschnitt und abheftete, hatte ich ein ganz anderes Problem: Ich wusste nicht, wie sein im Fiasko endendes Weltraumabenteuer begonnen hatte, denn mir fehlten die ersten vier Folgen. Wie war die verflixte Fliege überhaupt an Bord gelangt? Ich wandte mich an die Redaktion des *Morgen*. Dort war man so freundlich, mir die fehlenden Zeitungen zuzuschicken, zusammen mit einem bereits fertig ausgefüllten Abo-Auftrag, den ich nur noch unterschreiben sollte.

— **Fortsetzungsroman**, *der: zumeist längeres literarisches Werk von allgemeinem Interesse, das in regelmäßigen Abschnitten fortlaufend in einer Publikumszeitschrift od. Tageszeitung veröffentlicht wird*

Lang strahle Atomino!

»Das geloben wir!« Ich sitze im Festsaal des Rathauses von F. und warte, dass mein Name aufgerufen wird. Der Redner ist beim Buchstaben M und es dauert, weil immer nur sechs Mitschüler gleichzeitig nach vorn gehen. Nervös streiche ich mir durch die gefönten Haare. Vier Stufen sind es bis aufs Bühnenpodest. Bisher ist nur einer gestolpert: Burkhard R. in seinen neuen, wie gelackt wirkenden Halbschuhe. Weil Jeans beim Festakt verboten sind, haben die meisten Jungs schlotternde Anzüge an. Die Mädchen sehen fesch aus in ihren gebauschten Blusen, knöchellangen Röcken und Kleidern, irgendwie reifer. Leider vergisst Karin T., als sie die Bühne erklimmt, ihr Kostüm zu raffen, und tritt auf den Saum. Man hört, wie der Stoff reißt, doch das Kleid verrutscht nur ein bisschen. Karin zupft es wieder zurecht und lächelt tapfer. Endlich bin ich dran. Für einen hoch aufgeschossenen Schlacks wie mich gab es keinen passenden Anzug. Notgedrungen trage ich eine dunkle Hose, einen weißen Rollkragenpullover und darüber eine Weste. Der Westenlook ist eine Erfindung unserer Schneiderin. Um ihn aufzupeppen, nähte die gute Frau einen dreifarbigen Gürtel samt goldener Blechschnalle auf. Mir ist plötzlich, als trüge ich ein Banner auf dem Bauch. Eins-zwei-drei-vier – Gott sei Dank, die Stufen sind genommen! Wir stehen nebeneinander und bekommen jeder einen Blumenstrauß und ein großformatiges Buch, das den Kosmonauten Alexei Leonow beim Weltraumspaziergang zeigt. Ich werfe nur einen flüchtigen Blick darauf, denn ich brauche den Band als Schild, um meinen Gürtel zu verdecken.

Das ist jetzt 40 Jahre her. Den Akt der Jugendweihe gibt es noch, allerdings in entkrampfter Form und ohne sozialistisches Gelöbnis. Ich frage mich, warum das Buch »Weltall – Erde – Mensch«, das wir 1972 zur nicht kirchlichen Erwachsenentaufe bekamen und an das ich seitdem nicht mehr gedacht hatte, plötzlich in meinem Kopf wieder aufgetaucht ist. Von Nostalgie kann nicht die Rede sein, ich habe es ja nie gelesen. Auch die zahllosen Schwarz-Weiß-Fotos aus Wissenschaft und Technik reizten mich kaum. Aber da gab es diese großformatigen, farbigen Zeichnungen, die man auseinanderfalten konnte und die unser Sonnensystem, eine Forschungsstation auf dem Mond und den Sturm auf das Winterpalais zeigten ... Ich durchsuche alle Regale, steige in den Keller hinunter, öffne verstaubte Koffer und Kisten, klettere auf den Dachboden, wo die abgelegten Kartons lagern, doch mein Exemplar von »Weltall – Erde – Mensch« bleibt verschollen. Ich spreche Verwandte und Bekannte auf das Buch an. Sobald ich den Titel nenne, registriere ich ein seltsames Glitzern in ihren Augen. Man erinnert sich, die Gabe empfangen zu haben, doch aufgehoben hat sie keiner. Einzig die Köchin der Waldorfschule hat den Band noch in ihrem Bücherschrank. Sie schenkt ihn mir. So werde ich, im vierfachen Jugendweihealter, zum zweiten Mal geweiht.

Jugendlichen eine enzyklopädische Anschauung von der Welt mit auf den Weg zu geben, ist eigentlich eine tolle Idee. Doch wie sah er aus, unser Fortschrittsglaube im 20. Jahrhundert? Ich wiege das Werk in der Hand. Zwar fehlt der Schutzumschlag mit dem Kosmonauten und der leinene Einbanddeckel hat sich bereits vom Rücken gelöst, aber alle 519 Seiten sind unversehrt. »Dieses Buch ist das Buch der Wahrheit«, lese ich. Was für ein borniter erster Satz! Das Geleit stammt von jenem Staatsmann, der auch verkündete, niemand hätte die Absicht, eine Mauer zu bauen.

Es war eine Zeit, in der alles möglich schien. Die Amerikaner waren auf dem Mond gelandet, die Sowjets schickten Sonden zum Mars und zur Venus. Noch vor der Jahrtausendwende, darin waren sich die Futurologen einig, würden wir auf der Suche nach anderen bewohnten Planeten unser Sonnensystem verlassen. Um den wachsenden Energiebedarf zu decken, schossen Kernkraftwerke wie Pilze aus dem Boden, denn der Schlüssel zum Fortschritt war die Atomkraft. So wurde für die Pionierzeitschrift *Frösi* (»Fröhlich sein und singen«) das Atomino geboren. Die lustige Micky-Maus mit dem Atomsymbol auf der Brust versprach eine strahlende Zukunft. Auch ihr Comic-Bruder, der friedfertige Blechroboter Ferri, war ein Helfer auf dem Weg, der gesetzmäßig ins irdische Himmelreich, zum Kommunismus, führte. Gefahr drohte von »reaktionären gesellschaftlichen Kräften«, die mit aller Macht das »Rad der Geschichte zurückdrehen« wollten. Ich überblättere die sozialistischen Weisheiten und falte die erste große Abbildung auseinander. Sie zeigt ein Kernfusionskraftwerk in Form einer gigantischen Kugel: »Sicher wird es die Höhe des Eiffelturmes erreichen. Die Kühlwassermengen, die es verschlingen wird, werden unsere Binnenseen als lächerliche Pfützen erscheinen lassen; seine Trinkschalen werden die Meere sein.« Wer wollte das nicht glauben, zumal die meisten Verfasser des Buches Professoren waren.

Die folgenden Abbildungen zeigen die Entwicklung der Tier- und Pflanzenwelt, die Staaten der Erde, das Mineralölwerk Lützkendorf, den Rostocker Überseehafen und den internationalen Flughafen Berlin-Schönefeld. Mit dem sozialistischen Musterdorf und dem neu gestalteten Alexanderplatz samt Fernsehturm konnte man sich abfinden. Doch angesichts der »Stadt der Zukunft« sträuben sich mir die Haare: Wohnsilos, symmetrisch in die Landschaft gebaut, dazwischen große, freie, kahle Plätze. Rauchende Schornsteine, einst Symbol der industriellen Revolution, findet man auf den Zeichnungen nicht mehr. Mit ihnen sind aber auch alle Kirchen, Schlösser, Bürgerhäuser, Märkte, Parks und Lustgärten getilgt. Schnöde neue Welt! Da mochte man doch lieber gleich auf den Mond ziehen.

– **Fortschrittsglaube**, *der: Überzeugung, dass es eine stete Entwicklung vom Niederen zum Höheren u. damit zum Wohle des Menschen gibt*

– **»Weltall – Erde – Mensch«:** *Sammelwerk, das in einer Auflage von ca. vier Millionen Exemplaren zu den am weitesten verbreiteten Druckwerken der DDR zählt; erschien 1954 bis 1974 in 22, teils aktualisierten Auflagen*

Unerwarteter Pflegefall

Noch vor einigen Jahren wurde sie rund um den Erdball als Datenträger der Zukunft gefeiert. Nun stellt sich heraus, sie hat gar keine. Die CD, die hoch gelobte und für unverwüstlich gehaltene Compact Disc, altert und stirbt vor ihrer Zeit. Sie hat nicht nur die Schallplatte und die Tonbandkassette aus den Musikläden verdrängt, sondern auch Millionen kleiner Self-made-Tonstudios begründet. Wer wollte, konnte sich auf einem CD-Rohling daheim sein eigenes, ganz privates Lieblings-Album brennen. Doch Vorsicht: Experten geben der *Selbstgebrannten* nur eine Lebensdauer von maximal 25 Jahren. Danach könnten sie für nichts garantieren. Was passiert mit dem Silberling? Es gibt keine Erfahrungswerte, denn dazu ist die CD noch zu jung, aber sie wird, so die Prognosen, das Greisenalter nie erreichen. Man sollte ihr also nichts Wichtiges übertragen. Womöglich wird die CD sogar früher das Zeitliche segnen als die schon mehrfach totgesagte und wiederauferstandene Vinyl-Schallplatte!

Es ist eben nicht alles edel, was glänzt. Ich gebe zu, dass ich die CD nie richtig gemocht habe, trotzdem tut sie mir leid. Ein solches Ende hat sie nicht verdient. Man weiß ja nicht einmal, wie es sich ankündigen wird. Blättert die Beschichtung ab? Fallen die Daten aus? Droht ihr gar eine Art von digitalem Alzheimer? Das sei von Scheibe zu Scheibe verschieden und hänge mit der Geschwindigkeit des Brennvorgangs zusammen, orakeln die Experten. Langsam gebrannte CDs würden etwas später den Geist aufgeben. In Gedanken male ich mir ihren Exodus aus: Zunächst gehen nur hier und da ein paar Tönchen verschütt, was man kaum merkt, aber für Missstimmung sorgt. Dann stottert ein Bass- oder Orgellauf, schließlich verstummt das ganze Orchester. Der Laserstrahl des Abspielgerätes wird versuchen, die Lücken zu überspringen und vielleicht einen Spagat probieren, ehe er ins Bodenlose schießt und nichts mehr erkennt. Aber das kann dauern. Man wird sich wohl oder übel auf ein längeres Siechtum einstellen müssen.

Ich habe meine ersten eigenen CDs vor zehn, zwölf Jahren gebrannt, die meisten von ihnen laufen noch ganz rund. Inzwischen sind es Dutzende von Silberlingen, die sich bei mir auf dem Schreibtisch und in Schubkästen stapeln und es werden immer mehr. Ehrlich gesagt, ein wenig hänge ich doch an ihnen, schließlich sind da die besten Songs drauf. Ich habe mir, seit die Disc ihren vermeintlichen Siegeszug antrat, keine einzige Schallplatte mehr gekauft, nur noch diese Glitzerscheibchen. Nun droht meinem Musikarchiv der Garaus. Um den Verfall hinauszuzögern, sortiere ich die CDs schon mal nach Jahrgängen. Die ältesten platziere ich vorn, die jüngeren weiter hinten. Ich werde die über Zehnjährigen, die schon bald nicht mehr mitspielen, zuerst kopieren. Dann die folgenden Jahrgänge. Indem ich die Titel der alten auf eine neue Scheibe brenne, verlängere ich ihre Lebensdauer jeweils um geschätzte 25 Jahre. Nach einiger Zeit wiederhole ich die Prozedur. »Forever young«, wie Bob Dylan sagen würde, der ja auch schon ein bisschen klappert.

– **Compact Disc**, *die: (Abk. CD) digitaler optischer Festspeicher in Form einer mit Aluminium beschichteten, kreisrunden Scheibe aus Kunststoff, die im Abspielgerät berührungslos mit einem Halbleiterlaser abgetastet wird*

Kinder, das sind die Inder!

Tante Minna eilte den Gehweg entlang, vorbei an Großmutter, die im Vorgarten die Stiefmütterchen goss.

»Wo willst du hin?«

»Gucken gehen.«

»Was ist denn passiert?«

»Ein Unfall, an der Bachbrücke. Der Laster hat die
Kurve nicht gekriegt, die Schubertsche, sagt man, liegt
drunter.«

»Die Schubertsche, mein Gott!«

Großmutter wurde kreidebleich. Sie stellte die Gieß-
kanne ab und trabte ihrer Schwester hinterher, mit but-
terweichen Knien, denn sie konnte kein Blut sehen. Aber
gucken gehen musste auch sie.

Gucken gehen hieß, eine Sache selbst in Augenschein
zu nehmen, und war die natürliche Art, seine Neugier zu
befriedigen. Der unmittelbare Blick wurde durch Radio
und Fernsehen mehr und mehr eingedämmt. Zu Großmutters Zeiten gab es noch kein Reality-TV, da fanden Amok-
läufe und Geiselnahmen noch weitgehend
unter Ausschluss der Öffentlichkeit statt.
Da einem keiner die Bilder frei Haus lieferte, musste man sich
selbst zum Ort des
Geschehens beque-
men. Mein Vater hat
als Zehnjähriger am
Himmel über M. den
Abschuss eines engli-
schen Bombers beob-
achtet. Die *fliegende*

Festung ging unweit des Dorfes auf einem Rübenacker nieder. Vater rannte zu seinem Cousin: »In der Aue liegt ein Flugzeugwrack! Woll'n wir gucken gehn?« Sie radelten los. Ihre Neugier war stärker als die Angst vor der feindlichen Besatzung, die den Absturz überlebt haben könnte.

Man ging gucken, wenn Schausteller durchs Dorf zogen, das Hochwasser die Aue überflutet hatte und bis in die Schrebergärten stand, ein Abraumbagger aus dem Braunkohlentagebau auf die andere Straßenseite versetzt wurde oder wenn bei irgendwem der Dachgiebel brannte. »Los, wir gucken mal!«, hieß es auch, wenn die Teilnehmer der Internationalen Friedensfahrt durch M. kamen. Das Nahen der Pedalrecken verbreitete sich wie ein Lauffeuer im Dorf: »Die Friedensfahrer kommen!«

Einmal verspäteten wir uns, weil wir Urgroßmutter im Handwagen hinter uns herzogen, und als wir endlich die mit Fahnen und Wimpelketten geschmückte Landstraße am *Ring* erreichten, war die Spitzengruppe schon durch. Das Hauptfeld jagte heran, ein bunter Pulk von ungefähr 100 Fahrern, die so schnell vorbei waren, dass einem die Augen flimmerten. Urgroßmutter blickte enttäuscht dem Materialwagen nach: »Warum haben die's denn so eilig?« Sie nahm ihre Krücken und kehrte mit uns im Gasthof ein. Als wir die alte Frau nach zwei Bockwürsten und einem halben Liter Fassbrause wieder in den Handwagen hieven wollten, lag die Rennstrecke völlig verwaist da. Die Absperrung war entfernt, weit und breit kein Ordner und kein Schaulustiger mehr. Das Spektakel schien vorüber, doch Urgroßmutter machte sich plötzlich steif und rief: »Guckt mal, der kleine Muck!«

Aus Richtung Bitterfeld kommend schleppte sich, vom Krankenwagen eskortiert, ein Grüppchen von Rennfahrern die Pflasterstraße herauf, alle im gleichen Trikot und mit auffällig dunkler, sonnengebräunter Haut. Die Männer schnauften vor Anstrengung. Einige hatten lange Bärte und ihr Anführer, der einen hellblauen Turban trug, erinnerte tatsächlich an den kleinen Muck aus dem Märchen von Wilhelm Hauff. Großvater erkannte die Nachzügler an ihren Nationalfarben und erklärte: »Das sind die Inder!«

Indien nahm damals zum ersten Mal an dem Etappenrennen Warschau-Berlin-Prag teil und die Fahrer aus dem fernen Orient mussten sich an die Strapaze erst gewöhnen. Es dauerte eine Weile, bis sie den Anstieg zum *Ring* bewältigt hatten. Plötzlich erwachte in Urgroßmutter der Kampfgeist. »Schneller, Jungs!«, rief sie und schwenkte die Krücken. »Macht schneller! Das schafft ihr noch!« Der kleine Muck drehte sich nach ihr um und lächelte gequält. Doch im nächsten Moment, so schien es, ging ein Ruck durch seinen Körper, er senkte den Turban und trat kräftiger in die Pedalen. Die anderen folgten seinem Beispiel. Am nächsten Tag konnte man in der Zeitung lesen, dass die Inder zwar mit großem Rückstand, doch glücklich in geschlossener Formation das Etappenziel erreicht hatten.

- **Gucken gehen**: *zielstrebige Bewegung zu einem bestimmten Ort, um etwas in Augenschein zu nehmen*

- **Friedensfahrt**: *seit 1948 von der DDR, Polen und der Tschechoslowakei veranstaltetes, internationales Radrennen, das bis 1989 als die »Tour de France des Ostens« galt; Indien nimmt zweimal, 1954 u. 1955, daran teil*

Grüße aus der süßen Ecke

Wie habe ich ihn beneidet! Mein Schulkamerad Klaus G. hatte immer Bubble Gum, Fruchtbonbons und echte Jeans – oder Niethosen, wie wir sie damals nannten. Obwohl sie daheim fünf Brüder waren, versorgte Klaus die halbe Klasse mit den begehrten Süßigkeiten, darunter auch Täfelchen feinster Schokolade, die er anstelle eines Pausenbrots mit in die Schule brachte. Die Lehrer schauten darüber hinweg, wir machten große Augen. Wir wussten, dass seine Familie regelmäßig Westpakete bekam, nicht nur zu Weihnachten, zu Ostern und zu den vielen Geburtstagen. Als wir mal bei ihm in der Wohnung Fußball spielten, krachte das Leder so heftig gegen den Kleiderschrank, dass die Tür aufsprang. Eine kunterbunte Lawine aus *Haribo-*, *Milka-* und *Ritter Sport*-Produkten ergoss sich über den Teppich. So etwas hatte ich noch nie gesehen. Beim Einsammeln verriet mir Klaus ein Geheimnis: Sein Onkel in Bielefeld besaß einen Süßwarenladen und manchmal lagen all diese Herrlichkeiten dort so lange im Regal, bis das Verfallsdatum überschritten war. Also reichte er sie kurz vorher in Paketen an die DDR-Verwandtschaft weiter.

Für den Onkel war es ein Klacks, für uns, die wir immer ein paar Dinge abstaubten, ein Segen. Besonders für mich, weil wir keine Verwandten im Westen hatten. Ich musste mir meinen Kaugummi an der Kaufhallenkasse holen, für zehn Pfennig das Stück. Es war viereckig und so hart, dass einem schon nach kurzer Zeit der Kiefer schmerzte. Kein Vergleich zu dem edel verpackten amerikanischen *Spearmint*-Kaugummi mit frischem Pfefferminzgeschmack, das Klaus und seine Brüder in Stangen aus Bielefeld bekamen; wenn man die Plättchen aus dem Silberpapier gewickelt hatte, zergingen sie förmlich auf der Zunge. Oder zu den bunten, fruchtigen Kugeln, die nach intensivem Kauen so weich wurden, dass man Blasen erzeugen konnte. Von den zuckersüßen Kinderriegeln ganz zu schweigen, die meinem an *Rotstern*-Blockschokolade, Schlagersüßtafel und Fruchtschnitte gewöhnten Gaumen schmeichelten.

Glaubt man den im Internet veröffentlichten Statistiken, dann wurde die DDR-Bevölkerung von 1961, dem Jahr des Mauerbaus, bis zum Fall des Eisernen Vorhangs 1989 mit Produkten aus dem wohlhabenden Teil Deutschlands förmlich überschüttet. Mit geschätzten 1.000 Tonnen Kaffee und Millionen Kleidungsstücken pro Jahr. Beharrlich hält sich der Mythos, die ankommenden Päckchen hätten beim Öffnen nach Westkaffee geduftet. Irrtum, es war die Seife, die mit ihrem Frischeduft in die Nase biss. Dass Kaffee im Westen billig war und die schicke, modische Kleidung zumeist schon getragen, wenn sie im Paket mit der Aufschrift »Geschenksendung, keine Handelsware« und dem vielleicht nicht immer ganz vollständigen Inhaltsverzeichnis die deutsch-deutsche Grenze passierte, störte niemanden. Auch nicht die Tatsache, dass die Absender den Wert ihrer Spenden als brüderliche Nachbarschaftshilfe von der Steuer absetzten. Mithilfe des Westpakets konnte man leicht zum Gönner und Wohltäter aufsteigen. Man kann also sagen, dass es uns Deutschen hüben wie drüben das Leben versüßte. Allerdings frage ich mich, ob Klaus G., der im Zuge der Wiedervereinigung nach

Bielefeld gezogen ist, den Laden seines Onkels übernommen hat und wohin er dann die überflüssige, vom Verfall bedrohte Ware verschickt. Heute streifen wir doch ziemlich achtlos und mitunter voll Überdruss an den prall gefüllten Regalen entlang, in denen immer noch die einst so begehrten Süßigkeiten liegen. Ohne die Aura des Westpakets können sie nicht mehr ihre volle Verführungskraft entfalten.

– **Westpaket**, *das: Geschenksendung, die während der staatlichen Teilung von West- nach Ostdeutschland an Verwandte, Freunde od. Bekannte verschickt wird*

Tanz auf dem rauchenden Vulkan

Es ist an der Zeit, von jenem kleinen, doch verheerenden Laster Abschied zu nehmen, für das ich als Nichtraucher nicht verantwortlich bin. Um die nikotinhaltige und das Krebsrisiko befördernde Zigarette ist es nun wirklich nicht schade. Doch was wird, frage ich besorgt, wenn sie für immer verglimmt, aus der über Jahrhunderte gewachsenen stolzen und durchaus sinnlichen Raucherkultur? Aus dem ersten und letzten Akt der Verführung? Nie mehr ließen sich aus einem schüchternen »Haben Sie mal Feuer?« und dem Augenaufschlag beim Zigarettenanzünden Funken schlagen. Nie mehr könnte man *danach* im Bett eine rauchen. Was wäre ein Kommissar Maigret ohne Pfeife, der Kettenraucher Erich Kästner ohne Zigarette? Was wären Brecht, Churchill und Heiner Müller ohne ihr Statussymbol, die geliebte gute Zigarre? Wie hätten sich die Filmdiva Marlene Dietrich und der Bestsellerautor Erich Maria Remarque näherkommen können, wenn nicht bei einer Zigarette? Es war wie im Film, erinnert sich Marlenes Tochter Maria: »Er zückte ein goldenes Feuerzeug, sie hielt ihre blassen Hände schützend um seine braungebrannte Hand, nahm einen tiefen Zug von ihrer Zigarette und schob mit ihrer Zungenspitze einen Tabakkrümel von der Unterlippe …«

Unterlippe, Zungenspitze, Tabakkrümel … Diese bald der Vergangenheit angehörende Glimmstängelerotik ist nicht von der Hand zu weisen und sie ließ sich durch ausgeklügelte und schockierende Accessoires noch steigern. Wenn wir schon aus Gesundheitsgründen nicht die Zigarette selbst auf die Rote Liste setzen, so doch die Zigaretten*spitze*. Was für ein extravagantes, mondänes Instrument! Die Spitze zog, indem sie die Zigarette auf Abstand hielt, die Blicke auf sich. Ihr Erfinder hätte einen Oscar für die Ausstattung jener Damen und Dandys verdient, die in den Klubs, Kasinos und Salons mit aufgesteckter Zigarette posierten. Denn dort, in der Welt der Noblen und Dekadenten, war sie besonders begehrt. Im optischen Zusammenspiel mit Glacéhandschuhen, Perlenkette, Stirnband, Boa und Handtasche konnte eine Zigarettenspitze gar nicht lang genug sein. Mit ihr wurde das Rauchen zu einer Inszenierung. Die Spitze changierte, je nach Anlass und Laune, zwischen Finger- und Opernlänge, was ein Mindestmaß von etwa 30 Zentimeter erforderte. Damit ließen sich Männer betören und zugleich auf Distanz

halten. Moment mal: Rauchen in der Oper? Aber ja, bis ins 19. Jahrhundert durfte im Theater und im Opernhaus während der Vorstellung gegessen, getrunken und geschmaucht werden.

Erst mit Beginn des 20. Jahrhunderts wird etwas mehr Rücksicht auf Lungen und Stimmbänder der Schauspieler und Sänger genommen, allerdings nur in den großen Häusern. In Nachtklubs, Varietés und kleinen Privattheatern hatten Spitzenraucher weiterhin Hochkonjunktur; und selbst im Kino, wo feuergefährliches Zelluloid durch erhitzte Filmprojektoren surrte, wurde das Rauchverbot erst nach und nach eingeführt. Es war der berüchtigte Tanz auf dem heißen Vulkan, angefacht von den paffenden Leinwandhelden selbst. Feurige Hollywoodstars wie Marilyn Monroe oder Johnny Depp machten die teure, dekadente Zigarettenspitze, die beim gewöhnlichen Raucher bloß aus Pappe war, weltweit populär. Doch keiner, nicht einmal Marlene, manövrierte mit ihr so elegant durch das New Yorker Party-Gedränge wie Audrey Hepburn in »Frühstück bei Tiffany«. Einfach Spitze!

– **Zigarettenspitze**, *die: auch Zigarettenhalter genanntes, spitz zulaufendes, bis zu 40 cm langes Röhrchen mit Mundstück, in dessen breiteres Ende eine Zigarette gesteckt wird*

Fächer und Fliegenklatsche

»Um Himmels Willen, was machen Sie da!«, höre ich meinen Chefredakteur stöhnen. »Wir werben Anzeigenkunden und kämpfen um Marktanteile, ringen um jeden Leser und Abonnenten und Sie wollen unsere Tageszeitung, die TLZ, einfach aussterben lassen?« – Eben nicht. Hiermit setze ich die Zeitung als das nützlichste aller Nachrichtenmedien auf die Rote Liste.

Nie im Leben werden wir auf sie verzichten können. Zeitungen sind bei Tapezier- und Malerarbeiten zum Abdecken der Möbel und des Fußbodens unentbehrlich; am besten eignen sich dafür großformatige Blätter wie die Wochenzeitung *DIE ZEIT*. Kleinere dienen im Sommer als Fächer und Fliegenklatsche und taugen im Winter zum Ausstopfen der nassen Stiefel. Schnittmusterbogen werden aus Zeitungspapier gefertigt, Flaschen, Gläser, Fisch, Obst und Gemüse darin eingewickelt. Selbst Babys sollen nach einer Sturzgeburt notdürftig in Zeitungen warmgehalten worden sein …

Ich bin gewissermaßen zwischen Zeitungsstapeln groß geworden und hatte schon als Abonnent der Kinderzeitschrift *Bummi* Druckerschwärze an den Fingern. Die *ABC-Zeitung*, die *Frösi* und *Trommel* haben wir an Pioniernachmittagen für die Wandzeitung zerschnippelt oder bei der Schnitzeljagd im Wald verstreut. Mein Vater las die russische *Prawda* und *Iswestja* im Original und strich regelmäßig an, was er aufheben und archivieren wollte. Ich schnitt die Artikel am Wochenende für ihn aus und kassierte pro Stück einen Groschen. Ein Mehrfaches bekam ich, wenn ich die abgelegten Zeitungen bündelte und zum Altstoffhändler trug. Onkel Heinz konnte, wenn er uns besuchte, nicht auf den liberaldemokratischen *Morgen* verzichten. Vor dem Frühstück marschierte er zum Bahnhof und kehrte mit seinem Leib- und Magenblatt in der Manteltasche zurück. Allerdings las mein Onkel, der früher Rennen auf dem Sachsenring gefahren sein wollte, die Zeitung gar nicht, er kaufte sie nur wegen der Auto-Annoncen.

Trotz Rundfunk, Fernsehen und Internet – Zeitungsseiten rascheln und knistern anheimelnd am Frühstückstisch. Sie sind saugfähig, nehmen im Notfall verschüttete Milch und Blumenwasser auf und heizen im trockenen Zustand den Ofen an. Zeitungen schützen sogar. Einst habe ich meine Schulbücher in die *Märkische Volksstimme* eingeschlagen und die Fächer meines Soldatenspinds akkurat mit der *Jungen Welt* ausgelegt. Ganze Stapel des SED-Zentralorgans *Neues Deutschland* wurden während des militärischen Revierreinigens beim Fensterputzen verbraucht. Meine Katze rollt sich am liebsten auf der *Thüringischen Landeszeitung* ein und Obdachlose decken sich nachts mit der *Bild*-Zeitung zu. Ist das Klopapier alle, freut man sich selbst über eine *Bunte*, auch wenn mir dieses Blatt für solche Bedürfnisse zu glatt erscheint.

Zeitungen unterhalten, zerstreuen und lenken von Partner-, Erziehungs- und Familienproblemen ab, indem sie Aussprachen beenden. Sie liegen in Wartezimmern aus und hängen, in spezielle Bügel geklemmt, in Cafés an der Wand. Ihre Titelseiten schmücken Kioske und Tabakläden. Ohne sie hätte der Zeitungsständer längst ausgedient und kein Zusteller eine Zukunft. Spione und Detektive profitieren von dem unhandlichen Faltblatt; sie benutzen die Zeitung als Deckung und spähen – zumindest in alten Filmen – durch ein fingergroßes Loch ihre Umgebung aus. Und worauf sollen Mann und Frau, wenn sie sich über eine Annonce kennenlernen, beim ersten Rendezvous achten, wenn nicht auf eine bestimmte Zeitung unter dem Arm?

»Who wants yesterday's papers? Who wants yesterday's girls?«, sangen die Rolling Stones. Zeitungen vergilben, wir Zeitungsnutzer auch. Doch selbst aus Altpapier lassen sich noch prima Jägerhüte und Malermützen falten. Apropos Falten: Die Stones sind heute auch nicht mehr ganz frisch.

– **Tageszeitung,** *die: werktags od. täglich erscheinende u. auf billigem Papier gedruckte Schrift, die Neuigkeiten aus aller Welt, aus der Region u. nahezu allen Lebensbereichen verbreitet*

Ist die Polka noch frei?

Zu einer Zeit, da der *Knigge* noch etwas galt, wurde am Saaleingang für jede Dame eine Tanzkarte ausgegeben. Darauf konnten sich die Herren ihre Tänze reservieren lassen. Das lief ungefähr so ab: Der Kavalier ging zu der Dame seiner Wahl an den Tisch und fragte höflich, ob sie für die Polka noch frei sei. Oder für den Walzer. Oder für einen Charleston, sofern dieser mit auf der Karte stand. War die Dame nicht abgeneigt, trug er sich artig ein. So sicherte sich, wer fleißig genug im Saal sammelte, ein Tanz-Abo für den ganzen Abend.

Auch die Dame musste, war ihre Karte halbwegs mit Kavalierseinträgen gefüllt, nicht fürchten, sitzengelassen zu werden. Sicherlich fieberte sie dem einen Tanz beziehungsweise Tänzer mehr entgegen als dem anderen. Aber woher wusste der Herr, wann er bei welcher Dame anzutanzen hatte? Unmöglich konnte er alle im Kopf behalten, schließlich wurde ja auch getrunken. Es muss also auch eine Tanzkarte für den Herrn gegeben haben, auf der er, um nicht durcheinanderzukommen, für sich die Verabredungen der Reihe nach notierte. Ich glaube, den Beweis

in den Händen zu halten: die Tanzkarte meines Onkels Heinz.

Sie hat das Format einer Grußkarte und ist außen, wo die Insignien des Veranstalters und des Sponsors prangen, reichlich verziert. Wenn man sie aufklappt, findet man die »Tanz-Ordnung«, eine Auflistung aller Tänze, die von der Kapelle an jenem Abend gespielt wurden. Es soll auch Tanzkarten gegeben haben, auf denen zusätzliche Angaben zu den einzelnen Tänzen, Musikstücken und deren Komponisten standen und an denen mit Schnur ein dünner Bleistift hing, mit dem die Dame – oder eben der Herr – auf der freigelassenen Fläche Eintragungen vornehmen konnte.

Onkel Heinz besuchte im Herbst 1928 das Leipziger Lokal *Zur Erholung*. Vermutlich erhielt er die Tanz-Ordnung schon beim Einlass. Auf der Karte sind zehn Tänze aufgeführt. Es spielte das *Ufa-Tonbombenorchester*. Zum Auftakt gab es eine Polonaise mit Walzer, die mein Onkel jedoch ausgelassen hat. Hinter der Polka lese ich seinen ersten Eintrag: »Frl. Lili«. Mit Fräulein Lili hat er sich offenbar warmgetanzt. Die Quadrille, einen französischen Kontretanz aus Napoleons Zeiten, besser bekannt unter der Bezeichnung Cancan, ließ er wieder aus, ebenso den Walzer. Entweder konnte mein Onkel keinen Walzer oder er saß an der Bar und trank sich erst mal ein bisschen Mut an. Denn nun folgen vier Reservierungen hintereinander: Die Tyrolienne, einen Rundtanz nach Tiroler Liedern im Dreivierteltakt, absolvierte er mit einer gewissen »Martha-Maria von der Lippe« und den Rheinländer mit einem »Frl. Elisabeth«. Die nächste Quadrille tanzte er in Begleitung von »Eli« (Fräulein Elisabeth?) und den Foxtrott wieder mit »Frl. Lili«. Dieser war laut Karteneintrag zugleich sein letzter Tanz, obwohl die Kapelle noch weiterspielte. Hatte

Onkel Heinz keine Dame mehr verpflichten können? Oder fühlte er sich mit seinen drei Tänzerinnen ausgelastet? Kein Eintrag mehr unter Polka und Galopp, dem Rausschmeißer, sofern nicht noch ungeplante Zugaben erfolgten. Ich vermute mal, dass mein Onkel, weil Martha-Maria von der Lippe und das Fräulein Elisabeth an jenem Abend nicht weiter zur Verfügung standen, mit Fräulein Lili abgezwitschert ist. Diskreterweise hat er dies nicht auf seiner Karte vermerkt.

– **Tanzkarte**, *die: Karte, die beim Besuch eines Balls od. Tanzabends vom Veranstalter an das Fräulein od. die Dame ausgegeben wird u. in die sich Tanzpartner eintragen können*

– **Kavalier**, *der: abgeleitet vom lat. caballarius (Pferdeknecht): vornehmer Herr, der höfliche Umgangsformen besonders gegenüber Damen pflegt*

Wo das Leben wohnt

Wer braucht noch ein Notizbuch mit Spiralbindung und umklappbaren Seiten, auf denen man mit dem Stift etwas einträgt? Auch ich speichere meine Kontakte inzwischen elektronisch – auf der Chipkarte im Handy, auf der PC-Festplatte oder, was am sichersten ist, in meinem Mailordner im Internet. Eine Adresse, belehrt mich das Onlinelexikon, sei nicht mehr bloß ein Ort mit Straße und Hausnummer, sondern »die Kennzeichnung einer Stelle, an der ein Rechner einen vorher dort abgespeicherten Wert (Adressinhalt) wiederfindet«. Was finde ich, wenn ich in meinen zehn bis 25 Jahre alten, eng bekritzelten Adressbüchern blättere?

Ich breite sie vor mir auf dem Tisch aus: das kleine schwarze, das gewerkschaftsrote, das längliche mit der metallisch glänzenden Oberfläche, das in graues Leinen gebundene ... Sie grüßen mich wie alte Bekannte. Doch die Zeit ist auch an ihnen nicht spurlos vorübergegangen. Ihre Haut glänzt speckig, die Seiten sind vom häufigen Blättern abgegriffen. Mein Adressbüchlein aus den 1980er Jahren wölbt sich, da ich es oft in der Gesäßtasche trug. Das aus den 1990ern zeigt Wasserflecken und geht aus dem Leim; es kam mit mir in Nanking vom Regen in die Traufe. Beim Öffnen fallen Mao-Briefmarken und chinesische Visitenkarten heraus.

Adressbücher sind kleine, kostbare Privatarchive. Sie verzeichnen die verschlungenen Pfade, auf denen man durchs Leben geht, und geben Auskunft, wen man unterwegs getroffen hat. Verwandte und Kollegen zumeist, liebenswerte, aber auch unangenehme Typen, und gute Freunde natürlich. Der schreibende Theaterdirektor Steffen Mensching hat mal ein Gedicht auf das »Amtliche Fernsprechbuch, Reichspostbezirk Berlin, 1941« verfasst. Ich könnte Geschichten erzählen, aus dem späten 20. Jahrhundert bis ins neue Jahrtausend, mithilfe meiner Adressbüchlein. H-5600, Békéscaba: Wie ich meiner Mutter half, in der Puszta einen Zwergspitz zu verhökern. P. O.B 2102, Damascus, Syria: Wie ich mit Nizar, dem ältesten Studenten des Deutschlektorats, palästinensische Flüchtlingslager besuchte. Unter Nanjing University steht die Postfachnummer meiner Studentin Shi Xingguo, mit der ich mich auch nach der Heimkehr noch geschrieben habe. Ein Luftpostbrief nach China benötigte zehn Tage. Nach frühestens 20 Tagen konnte ich ihre Antwort lesen. Wer aber waren Ramon Carcache Ramirez aus Managua oder Professor Dai Kui-sheng? Kein Anschluss mehr unter diesen Nummern.

Neben dem Ortsnamen Seelingstädt ist nur die Postleitzahl notiert, dort befand sich ein NVA-Reservistenlager für Studenten, in dem wir sechs Wochen mit der Kalaschnikow getrimmt wurden. Unter R wie Redaktionen finden sich verblichene Zeitschriften, an die ich meine literarischen Erstlinge sandte. PF 142 zu Rudolstadt, das war mal der traditionsreiche Thüringer *Greifenverlag*, in dem mein erstes Buch erschien. Dann, schon nach der Wende, notierte ich unter K wie *Kirchheim* meinen ersten Westverlag. Selbst das Büro für Urheberrechte in Berlin und die *Genex*-Geschäftsstelle, in der man gegen Valuta begehrte Waren beziehen konnte, sind vermerkt.

Ein Adressbüchlein vergisst nichts. Einträge,

die ihre Gültigkeit verloren, wurden lediglich durchgestrichen, sodass alle noch vorhanden sind. Korrekturen und Ergänzungen mit verschiedenfarbiger Tinte auf jeder Seite. Die meisten Adressen und Telefonnummern änderten sich zwischen 1990 und 2000. *Volkswacht* etwa ist gestrichen, darüber steht *Ostthüringer Zeitung*. Aus dem Erfurter *Volk* wurde die *Thüringer Allgemeine*. Wer hat nach der Wende nicht alles seinen Titel oder seine Anschrift geändert! Nur die *Thüringische Landeszeitung* blieb sich treu. Und ich ihr. Ach, und die schönen Damen! Aus den Augen, nicht aus dem Sinn …

Wie viele Adressbüchlein füllen sich im Laufe eines Lebens? Und welche Verbindungen erweisen sich am Ende als wirklich wichtig? Die meisten reißen irgendwann ab. Die eine oder andere vergisst man mit den Jahren. Und viele, allzu viele Bekannte sind bereits »unbekannt verzogen«. »Wenn Sie das Leben kennen«, lese ich in großen Lettern an einer Weimarer Hauswand, »geben Sie mir doch bitte seine Anschrift …«

— **Adressbuch**, *das: Notizbüchlein mit alphabetisch geordneten Seiten, in das man per Hand Anschriften u. Telefonnummern einträgt*

In der Zwickmühle

»Sie müssen viel trinken«, rät meine Hausärztin, die sich offenbar Sorgen um meine geistige Fitness macht. In der Tat, hin und wieder vergesse ich schon mal etwas und manchmal fällt mir ein bestimmter Name nicht sofort ein. Ich habe ihn auf der Zunge, doch da klebt er und will und will sich nicht lösen. Trinken schütze vor Demenz, behaupten die Experten und empfehlen mindestens drei Liter täglich, doch ich fürchte, das schaffe ich nicht. Aber man muss es wenigstens versuchen.

Also habe ich mir einen Weinkeller eingerichtet und hole jeden Abend eine Flasche herauf. Da sitze ich dann, so wie jetzt, und schaue ins Glas. Es wirkt tatsächlich! Spätestens nach zwei Gläsern vom guten Roten strömt die Erinnerung. Die Umgebung versinkt in Unschärfe, die Alltagsgeräusche verebben und vor mir öffnet sich der Zeittunnel. Verschollenes kehrt plötzlich wieder und mir fallen Dinge ein, an die ich lange nicht mehr gedacht habe. Weit zurückliegende Ereignisse sind mir auf einmal näher als der gestrige Tag. Dann sehe ich mich zum Beispiel als Kind in der Stube meiner Urgroßmutter, wir spielen *Schummellieschen*, *Häuserkaufen* und *Böse Sieben*. Mein Bruder und ich waren froh über einen Mitspieler, Urgroßmutter freute sich über jede Ablenkung. Weil für sie ein Tag wie der andere war, halfen wir ihr, die Zeit zu vertreiben. Das ging am besten beim gemeinsamen Spielen am großen Tisch. Was gab es nicht alles für Spiele! Da klapperten die Würfel im Becher, wurden bunte Knöpfe in ein Ziel geschnippt und Holzmäuse am Fadenschwanz blitzartig weggezogen, wenn die Falle herabsauste. Am liebsten würfelten wir um Geld. In einer Malzkaffeedose hatte Urgroßmutter Hunderte von

Pfennigen gespart, ein unbenutzter Aschenbecher diente als Kasse. »Du bist dran, Mutter!« – »Schon wieder?« – »Du musst eine Sechs würfeln!« – »Nu denn …« – »Tatsächlich, eine Sechs, Mutter!« – »Ooch …« Die alte Frau konnte sich in einem fort wundern, aber sie ärgerte sich nicht. Wenn sie ihr ganzes Geld verloren hatte, schmunzelte sie bloß. Haben wir nicht auch *Schafskopf* und *Tod und Leben* gespielt? Tod und Leben, was für ein Spiel für eine betagte Frau! Und dieses alte Brettspiel … Man muss die Steine auf ein eckiges Netz setzen und später verschieben. Wie hieß es doch gleich? Verdammt, ich muss mehr trinken!

Urgroßmutter hat fast gar nichts getrunken. Nur am Morgen und zur Kaffeezeit ihre Tasse *Muckefuck*. Zum Geburtstag, der in großer Runde gefeiert wurde, mal ein Gläschen Johannisbeerschnaps. Und hin und wieder  eine Flasche Malzbier, die wir ihr aus dem Konsum mitbrachten. Urgroßmutter ging zum Geschirrschrank, griff nach der Flasche und ließ den Bügel schnappen. Sie nahm einen Schluck und verschloss die Flasche sogleich wieder. Ein Malzbier reichte für die ganze Woche. Merkwürdig, trotz des – aus heutiger Sicht – akuten Flüssigkeitsmangels war sie auch mit 94 Jahren noch im Vollbesitz ihrer geistigen Kräfte.

Ich hole mir noch eine Flasche Wein. Waren es vielleicht die täglichen Karten-, Würfel- und Brettspiele gewesen, die unsere Urgroßmutter in Form gehalten hatten? Wir spielten mit ihr auch *Halma* und *Mensch ärgere dich nicht* und dieses …, wie hieß es denn bloß? Das mit den runden, schwarzen und weißen Steinen …

Das hat auch meine Schwiegergroßmama gespielt, die auch über 90 wurde. Zwar vergaß Oma Elfriede manchmal, welche Farbe sie hatte, legte beziehungsweise schob den Stein aber immer an die richtige Stelle. Wenn sie drei nebeneinander hatte, rief sie: … nein, nicht *Dame*. Das ging zwar auch mit diesen Steinen, man musste nur das Brett umdrehen. Aber *Dame* hat sie als Bäuerin nie gespielt. Auch *Schach*, das meine Mutter noch mit 70 Jahren gelernt und, wenn keine Enkelkinder da waren, gegen einen Computer gespielt hatte, kannte Oma Elfriede nicht. Ihr Lieblingsspiel war das mit dem Spinnennetz. Am Ende ihres Lebens wollte sie nichts anderes mehr. Wir klappten das Brett überall für sie aus, in ihrer Stube, in der Küche, im Hof oder im Garten, und sie saß im Rollstuhl und ließ, sobald es losging, die Steine nicht aus den Augen. Man muss sie auf der Linie bewegen, bis sie … ja, bis sie eine Mühle ergeben. Richtig: *Mühle* hieß das Spiel! Die alte Frau nannte es Zwickmühle, weil man irgendwann keinen Ausweg mehr findet. Sie konnte es stundenlang spielen, denn in der Zwickmühle war sie nicht allein. Da hatte sie Gesellschaft und vergaß das tägliche Einerlei, ihre Sorgen und Schmerzen und das Warten darauf, dass sie von alldem erlöst wurde.

– **Brettspiel**, *das: Gesellschaftsspiel, das auf einer in Spielfelder unterteilten Unterlage (Holz, Pappe, Plastik) mit Figuren oder Steinen gespielt wird*

Iris Berben und Thomas Thieme
über Dinge, die *sie* vermissen

Frau Berben, Herr Thieme, was vermissen Sie am meisten?

Iris Berben: Am meisten vermisse ich Zeit. Die Zeit, die ich früher hatte, als junger Mensch und als Kind, als man dachte, die ganze Welt gehört einem und man hat ganz viel noch vor sich. Man konnte so schludrig damit umgehen, weil man gar nicht wusste, was Zeit bedeutet.

Nehmen Sie sich noch die Zeit, um in Ruhe einen Brief zu schreiben, so wie früher, mit Tinte auf Papier?

Berben: Ich bin jemand, der immer noch Briefe mit der Hand schreibt, mit dem Füllfederhalter, und ich bekomme auch immer wieder noch handgeschriebene Briefe. Das war früher ganz normal, jetzt stelle ich plötzlich fest, dass ich mich dadurch einem Menschen anders verbunden fühle. Das hat gar nichts mit Verweigerung zu tun, ich sträube mich nicht gegen Modernität. Es hat damit zu tun, dass man nicht beliebig sein möchte, weil die Handschrift auch etwas von der Persönlichkeit verrät, es entsteht ja ein Schrift*bild*. Man setzt sich hin, formuliert und setzt immer wieder neu an. Das ist auch eine andere Form der Arbeit, einer Arbeit, der man sich gerne hingibt.

Thomas Thieme: Es wird Sie nicht wundern, wenn ich als Thüringer die Kloßpresse nenne, die bei uns immer zu Weihnachten angeworfen wurde. Doch, ich vermisse die Kloßpresse. Mein Vater musste sie betätigen, weil sie so schwer war. Wenn die dir auf den Fuß fiel, war der Zeh gebrochen ... Einer musste die Kloßpresse festhalten, dann wurde oben gedreht. Ich wurde immer zum Festhalten eingeteilt, weil ich ja schwach war als Junge. Die Kloßmasse kam in einen Sack unter der Presse und es wurde so lange gepresst, bis die Masse ganz trocken war ...

Berben: Das kenne ich gar nicht.

Thieme: Das war ja auch nur für Thüringer Klöße. Diese Kloßpresse gibt's nicht mehr. Heute wird, glaube ich, anders gepresst ... Aber, weil Iris vorhin Zeit genannt hat – Zeit ist ja kein Gegenstand. Da fällt mir auch etwas ein, was ich in unserem Beruf vermisse: Ernsthaftigkeit. Inhaltliche Ernsthaftigkeit. Ich merke das bei der Berlinale oder bei der Verleihung der Goldenen Kamera, man sitzt da und das huscht so an einem vorüber. Da haben sich zwischen uns Schauspieler Leute gedrängt, die da nicht hingehören. Die aber Erfolg haben. Schauspieler war mal eine Art Lehrberuf – egal ob Schauspielschule oder learning by doing – und wenn du den Beruf ein paar Jahre ausgeführt hattest, am Theater, beim Fernsehen, beim Film, dann wusstest du, wie der Laden läuft, und du hast dich an bestimmten Vorbildern orientiert. Jetzt ist das Ganze einer für mich nicht ganz durchschaubaren Geschmacksindustrie ausgeliefert. Ich frage mich: Wer bestimmt den Geschmack? Wenn es der Zuschauer wäre, wäre gar nichts dagegen einzuwenden. Der Zuschauer ist der Souverän, der hat schließlich Eintritt oder Gebühren bezahlt, der kann sich alles herausnehmen ... Aber ich bezweifle, dass diese seltsamen Gewichtungen bei der Anerkennung von schauspielerischer Leistung wirklich von den Zuschauern kommen.

Bleiben wir mal beim Film: Sie drehen ja beide schon sehr lange. Sind da in den letzten Jahrzehnten am Set irgendwelche Dinge verschwunden? Vermissen Sie da etwas?

Berben: Ja. Auch da wieder Zeit. Ich bin unzufrieden, wenn mir die Zeit nicht gegeben wird, als Schauspieler unbekanntes Terrain oder dünnes Eis zu betreten, mich in Situationen zu wagen, wo ich nicht weiß, kann ich das überhaupt? Was ich kann, weiß ich ja. Ich weiß, dass ich mich durch jeden Film durchmogeln könnte. Aber wenn man so lange Schauspieler ist, möchte man doch immer wieder dahin geführt werden, wo es entweder den Berg gibt, vor dem man steht und sich fragt: Komm ich da hoch?, oder das Eis: Breche ich da nicht ein? Ich möchte, dass die Luft dünn ist. Wir brauchen Zeit, um uns diesem Beruf wieder anders ausliefern und uns neu ausprobieren zu können. Was vermisse ich am Set? In vielen Produktionen ein inhaltliches Erarbeiten, inhaltliche Gespräche. Ich will das nicht verallgemeinern, es gibt auch immer wieder Produktionen, wo man das auf ganz intensive Weise hat. Aber natürlich herrscht ein erbarmungsloser Wettbewerb, dem heute jeder Regisseur und jeder Produzent ausgesetzt ist, nämlich die Filme in einer immer kürzeren Zeit zu einem Erfolg zu bringen. Wenn man sich dem gänzlich unterwirft, ist es nur noch ein Hecheln.

Und was ich außerdem am Set beobachte: Es gibt eine ganz tolle, kraftvolle neue Generation an Drehbuchautoren, Regisseuren, Produzenten und auch an Schauspielern. Aber was ich bei meinen neuen Kollegen manchmal vermisse, ist Respekt. Es gibt am Drehort gewisse Regeln, die haben etwas damit zu tun, dass sich keine Lässigkeit einschleicht. Ein ganz profanes Beispiel: Wenn Stühle am Drehort sind, die man sich im Laufe der Jahre erarbeitet, Stühle mit seinem Namen drauf. Das dauert lange, lange Jahre, bis man sie bekommt – das ist eine Art Achtung, die man uns entgegenbringt und hat nichts mit dem Alter zu tun, dass man sich häufiger setzen muss. Als junger Mensch hast du dich eben irgendwo hingekauert. Denn es ist ein absolutes Tabu, sich auf einen Stuhl zu setzen, wo ein Name dran steht, wenn es nicht deiner ist. Das kennen die heute gar nicht mehr! Sie wissen auch nicht, wie man sich als Schauspieler zu benehmen hat: Nicht pfeifen im Theater oder in den Kulissen eines Films – kennen die gar nicht mehr! Nicht essen am Set – kennen sie nicht mehr! Es mangelt fast überall an Fingerspitzengefühl. Da liest neben dir jemand Zeitung, während du vor der Kamera gerade um dein Leben spielst! Das sind so kleine Sachen, die ich vermisse – wie soll ich es nennen: Disziplin? Anstand? Vielleicht Achtung vor der Arbeit anderer, die man am Set aufbringen muss.

Gibt es die Filmklappe überhaupt noch?

Thieme: Na klar. Komisch, die könnte man eigentlich längst digitalisieren.

Berben: Es gibt sie auch schon elektronisch. Aber ich hoffe, die gute alte Filmklappe bleibt uns noch lange erhalten. Man vermisst doch schon, wenn nicht mehr mit Film gedreht wird, das Geräusch vom Einlegen der Kassette … Überhaupt: Geräusche gehen verloren, Geräusche, die man liebt.

Und was ist mit der Souffleuse? Wird sie nicht auch mehr und mehr eingespart?

Thieme: Für einige von uns, die am Theater arbeiten, bedeutet das ja das Aus. Dann trauen die sich nicht mehr. Ich würde mich vielleicht gerade noch ein bisschen trauen, ohne Souffleuse …

Berben: Ich würde mich nicht mehr trauen.

Thieme: Eigentlich kannst du dich auch nicht mehr trauen. Das ist ja ohnehin ein seltsamer Beruf, 50 Seiten auswendig zu lernen und alle paar Tage wieder aufzusagen, eine merkwürdige Herausforderung für den Kopf. Es gab aber eine gewisse Sicherheit, wenn du wusstest, da sitzt jemand und hilft dir schon. Als ich noch ziemlich jung war und keine Souffleuse brauchte, habe ich mich manchmal gewundert, wenn Ältere mit ihr vorher einen Termin hatten. Sie haben sich die Stellen markieren lassen, wo sie immer hängen, da machte sich die Souffleuse einen Kringel. Und jetzt habe ich schon zwei, drei Produktionen gemacht, bei denen gar keine Souffleuse mehr eingeteilt war. Man hat sie eingespart. Ich vermute mal, aus Kostengründen. Da könnte man jetzt natürlich fragen: Was verdient eine Souffleuse? Aber sie bezahlen sie eben nicht mehr. Und die jungen Leute, die es im Moment noch nicht so betrifft, juckt es erst dann, wenn sie das erste Mal hängen, so richtig, so aussichtslos … Beim Drehen ist es nicht so schlimm, weil du da sagen kannst, ich hänge. Da verziehen zwar auch alle die Fresse und denken: Ist denn der blöd, warum lernt er das nicht? Aber du ruinierst nicht den ganzen Abend. Im Theater dagegen ist alles live, wenn du auf der Bühne richtig hängst, ist eben Schluss.

Es soll schon Theater geben, wo im Hintergrund, hinter den Zuschauern, für die Schauspieler ein Teleprompter läuft.

Thieme: Das stimmt. Ich habe sogar schon damit gearbeitet. Das ist so eine Methode, die wahrscheinlich, wenn die Souffleusen abgeschafft sind, Usus wird. Denn irgendeine Unterstützung muss es ja geben. Es gibt auch diese Knöpfe im Ohr, die sind mittlerweile so winzig … Die gibt's übrigens auch schon beim Drehen, habe ich gehört.

Berben: Ehrlich? Dann werden wir uns doch da mal ein Doppelpaket kommen lassen.

Thieme: Vor der Kamera musst du nur aufpassen, dass das Ohr nicht total im Bild ist. Im Theater stört es kaum, da ist es eben ein fleischfarbenes Ding im Ohr, so groß wie eine Fingerkuppe. Das steckst du dir in die Ohrmuschel, aber dann brauchst du auch wieder eine Souffleuse oder einen Souffleur, irgendeiner muss dir ja da was reinsprechen. Du kannst es dir nicht von einer Maschine flüstern lassen, denn die Maschine nimmt keine Rücksicht, die macht immer weiter, die treibt dich vor sich her. Irgendwann überrollt sie dich und dann ist es noch viel schlimmer, als wenn du das Ding nicht im Ohr hättest.

Haben Sie jemals Ihren Lohn in der Lohntüte erhalten?
Thieme: Natürlich. Ziemlich lange sogar. Ich glaube, selbst noch bei meinem allerersten Theaterengagement. In Görlitz-Zittau, da gab's noch eine Lohntüte.
Berben: Was ist das? Ich glaube, ich kenne gar keine Lohntüte.
Thieme: Es gab sie auch im Weimarwerk, als ich den stolzen Beruf des Maschinenbauers erlernte. Und am Weimarer Theater, wo ich als Kulissenschieber gearbeitet habe.
Berben: Aber als Schauspieler? Ich kann mich nicht erinnern, dass es bei uns Lohntüten gab.
Thieme: Also, überwiesen wurde der Lohn in Görlitz-Zwickau noch nicht. Wir haben ihn, glaube ich, am Zahltag abholen müssen.
Berben: Aha, er wurde ausgezahlt. So, wie wir unsere Diäten im Umschlag bekommen. Das gibt es heute beim Film ja auch noch. Dann weiß ich doch, was eine Lohntüte ist …

Sie kennen bestimmt auch den Stiefelknecht. Aber wer besitzt und benutzt ihn heute noch?
Berben: Ich! Ich kriege meine Stiefel anders gar nicht aus.
Thieme: Ach, Sie haben noch einen Stiefelknecht?

Berben: Ich brauche den Stiefelknecht, weil ja Heiko nicht immer da ist. Nein, tatsächlich, ich trage gern enge Stiefel und ich kenne dieses Ding noch von meinem Großvater – sieht auch gut aus. Doch ich habe den Stiefelknecht nicht wegen seines Aussehens, sondern weil er mir hilft ...

Thieme: Ein unglaublich praktisches Teil!

Berben: Ja, aber er hat auch etwas Sinnliches. Beim Film gibt's den übrigens auch noch ...

Thieme: Einfach herrlich: Erst würgst du dir einen ab und es wird nichts. Und dann steckst du den Hacken da rein und – flupp. Der Stiefelknecht ist eine großartige Erfindung!

Berben: Deshalb hab ich ihn zu Hause. Sie haben keinen?

Thieme: Nee, ich trag ja keine Stiefel.

Berben: Ach ja, Sie müssen Turnschuhe tragen. Wir sind Stiefelträger ...

Ist Ihnen eigentlich schon aufgefallen, dass die meisten Türen heutzutage kein Schlüsselloch mehr haben?

Thieme: Klar, weil sie Sicherheitsschlösser haben.

Berben: Das erzählt uns ja auch etwas über die Welt, in der wir leben. Und ich finde es schade, denn ich erinnere mich, dass das Schlüsselloch bei uns zu Weihnachten eine wichtige Rolle spielte. Meine Großeltern hatten sieben Kinder. Alle sieben lebten im Ausland und kamen mit ihren Kindern, also mit uns, jedes Jahr zu Weihnachten nach Essen. Großeltern, Eltern, Onkel, Tanten, Cousins, Cousinen – das war, denke ich, noch eine richtige Großfamilie ...

Die auch langsam verschwindet.

Berben: Leider. Also, wir kamen alle an Weihnachten zusammen und weil bei uns das Christkind kam, war ein

Raum immer abgeschlossen. Wir Kinder haben vor diesem Schlüsselloch gehangen, denn wir wollten einen Blick hineinwerfen. Da sah man den Tannenbaum und darunter lagen die Geschenke ... Das Zimmer war zwei Tage lang verschlossen und durch dieses Schlüsselloch zu schauen, war mit das Aufregendste, das es gibt. Weil man in die verbotene Welt hineinschauen konnte. Und heute ... Richtig, heute hat man überall Sicherheitsschlösser. Wir schließen uns ein, damit das Verbotene nicht zu uns hereinkommt ... Verrückt. Es gibt leider nur noch wenige Schlüssellöcher. Dabei ist die Schlüssellochperspektive doch ein so schönes Motiv, es beflügelt die Fantasie.

Thieme: Ganze Romane, ganze Filme haben sich darauf aufgebaut.

Berben: In meinem letzten Märchenfilm »Die Prinzessin auf der Erbse« habe ich auch vor der Tür gestanden und durchs Schlüsselloch geschaut, weil ich wissen wollte, was mein Bruder – gespielt von Michael Gwisdek – da drin bespricht. Und ich stehe vorm Schlüsselloch und werde dabei erwischt. Ja, die verbotene Welt ...

Thieme: Auch die Pubertät.

Berben: Ja, natürlich. Da ganz besonders.

Thieme: Sie, Herr Quilitzsch, müssen das ja am besten wissen.

Berben: Bei solchen Texten! »Dinge, die wir vermissen werden« – das Leibchen, das Poesiealbum, das Fräulein, die Dreiecksbadehose ... Jetzt wissen wir ja, was Sie für einer sind.

Sie verwechseln das Schlüsselloch mit dem Astloch in der Umkleidekabine – auch ein berühmtes Filmmotiv.
Berben: Stimmt. Da wurde oft ein bisschen nachgeholfen, damit die Bretter nicht ganz so akribisch schlossen.

Es blieb immer eine Ritze, durch die man hindurchlinsen konnte.

Thieme: Das sind Astlochszenen, keine Schlüssellochszenen. So eine Spannerszene gibt's, glaube ich, sogar in der »Blechtrommel« mit der jungen Katharina Thalbach …

Um davon mal wieder wegzukommen: Herr Thieme, ich hätte zum Beispiel gedacht, dass Sie Ihre gute alte Kofferheule vermissen, Sie als Rock'n'Roller.

Berben: Kofferheule – das ist ja wunderbar!

Thieme: Da muss ich Ihnen ehrlich sagen, dass ich sie nicht wirklich vermisse. Denn ich würde heute ja nicht mehr mit meinem Kofferradio …

Berben: … durch die Straßen rennen, mein Gott!

Thieme: Ich hatte es immer so lässig im Arm, wenn ich durch Weimar gegangen bin. Das würde ich heute nicht mehr tun, das Kofferradio vermisse ich eigentlich nicht. Dann schon eher das Nylonhemd.

Sie meinen Dederon.

Thieme: Ganz genau. Im Westen hieß die Kunstfaser Nylon, das musste ich auch erst lernen.

Berben: Aber wissen Sie, weil Sie nach dem Kofferradio gefragt haben, was mir da einfällt? Etwas, das mich in den ersten Zeiten des Herzklopfens, im Teenageralter, leidenschaftlich begleitet hat: die Musicbox!

Thieme: Ach, genau: (singt) »Da steht die Musicbox, zwei Groschen hinein …«

Berben: Das fand ich so klasse: Du bist in ein Lokal gegangen und da stand die Musicbox … Mit allen Hits, die du liebtest. Aber du konntest nur drei bis fünf Schallplatten abspielen – je nachdem, wie viel Geld du ausgeben wolltest. Die Musicbox fehlt mir tatsächlich. Heute wirst du ja überall beschallt, da ist in jeder Kneipe, die du betrittst, schon

Musik drin. Früher hast du dich gefreut, wenn irgendwo eine Musicbox stand, weil du wusstest, jetzt kannst du deinen Lieblingssong von Elvis hören.

Haben Sie je an die Wirkung des Glückspfennigs geglaubt, Frau Berben?

Berben: Ich glaub immer noch dran.

Aber den gibt's doch auch nicht mehr.

Berben: Ich habe noch einige Glückspfennige, wirklich Pfennige. Die habe ich nämlich nie ausgegeben. Vielleicht bin ich ein echter Glückspilz, denn egal wo ich hingehe, egal in welchem Land ich gerade bin, ich finde immer Geld.

Thieme: Weil Sie *Löwe* sind.

Berben: Nein, wirklich, ich finde immer Münzgeld. Ich spucke drauf, ich stecke es ein und gebe es nicht aus. Das habe ich heute noch. Ich hab ganz viele Münzen in unterschiedlichen Währungen bei mir. Das sind alles meine Glückspfennige. Und das wird auch weiter Glücks*pfennig* heißen, egal ob es ein Cent oder ein Penny ist. Dreimal draufspucken und man darf ihn niemals ausgeben. Geht Ihnen das auch so, Thomas?

Thieme: Ich finde keine Glückspfennige. Ich verlier sie höchstens.

Berben: Aber dann hat jemand anderes Glück. So muss man das sehen. Ich geh jetzt mal immer hinter Ihnen her.

Iris Berben und Thomas Thieme gehören zu den erfolgreichsten deutschen Film-, Fernseh- und Theaterschauspielern. Das Gespräch wurde 2011 bei den Aufnahmen zum Hörbuch »Dinge, die wir vermissen werden« in einem Berliner Tonstudio aufgezeichnet.

Schleudern im Überschwang

Nachtrag von Hans Hoffmeister

Ha! Da ist TLZ-Kulturredakteur Frank Quilitzsch wohl noch nicht drauf gekommen, in seine längst zum Lese- und Hörbuch avancierte »Rote Liste« die Milchkanne mit aufzunehmen. Oder doch? Schallplatte, Erika-Schreibmaschine, Telegramm, Telefonzelle, Rechenschieber, Leibchen, Zinkbadewanne und selbst die Dreiecksbadehose hat er schon vor Jahren in den Olymp der vom Verschwinden bedrohten Alltagsgegenstände erhoben. Nun, in dem vorliegenden Ergänzungsband auch marginalere wie die Pappfahrkarte, die Glühbirne, die Flachbatterie oder unsere – aus heutiger Sicht oberpeinliche – Handgelenktasche. Hatte ich, wie seinerzeit fast alle Autofahrer, natürlich auch. War ja so praktisch. Wieso nannte er seine eigentlich Hans …?

Aber zurück zur Milchkanne. Ein weißer Fleck auf Quilitzschs Erinnerungslandkarte? Gut, den Milchladen gleich um die Ecke in seiner Geburtsstadt Halle hat er beschrieben, nachzulesen im »Sammelsurium der Dinge, die wir vermissen«, beim Aufbau-Verlag unlängst in dritter Auflage erschienen. Dort musste er als Kind jeden Morgen mit der – also doch! – Kanne einen Liter Kuhmilch holen. Doch das war in der Großstadt und es waren nur ein paar Schritte. Im ostwestfälischen Paderborner Land holten wir die Milch noch beim Bauern. Winters auch die frische Wurstsuppe. Alljährlich kam eigens der Wurstmacher mit Säcken voller wohlriechender Gewürze, dabei viele Salz- und Pfeffersorten, und musste samt seinem Gehilfen mit Wacholder und Doppelkorn abgefüllt werden. »Je höher der Pegel, umso besser die Wurst«, sagte man. Da war sie dann, nach der Wurstsuppe, schwer zu reinigen, die Milchkanne. Wegen des kalten Fettrandes, ekelhaft.

Die Milchkanne, wenn ich das hier mal ergänzen darf, musste immer blitzsauber geschrubbt sein. Schon in der Milchküche des Bauern, wo die Mägde karierte Kopftücher trugen, wenn sie mit der Milch hantierten. Da standen die gereinigten großen Kannen blank, silbrig glänzend, umgedreht auf Holzgestellen erhöht, sodass das letzte Wasser rauslaufen konnte. Aus einer dieser großen Kannen wurde dann in die mitgebrachten kleinen umgeschüttet. Wie das roch in dieser ocker oder sienarot gekachelten Milchküche! Nach Sahne, Schmand und »Seihen«. Wobei: ocker- oder sienafarben, gar preußischblau oder sonst exotisch Klingendes kannte man damals gar nicht. Solch filigrane Präzisierung gab's erst später, als in der Schule mit dem Malkasten so was wie Kultur eingeführt wurde ... Wir hatten immer zwei von diesen Kannen. Eine große weiße, später auch gesprenkelt grau-weiße, jedenfalls emailliert, und eine kleine aus Weißblech oder Aluminium. Mit den ersten Alukannen, Aluflötenkesseln und Alutöpfen verdienten wir im elterlichen Geschäft nach dem Krieg das erste Geld. Denn vor der Fresswelle kam die Pöttewelle. Und die allerersten gegen Staubkohle im Ruhrpott gehamsterten Exemplare hatte mein Vater in der Scheune meines späteren Opas eingelagert. Später hatten sie alle Löcher von der Mäusepisse ...

Wenn Besuch da war, musste mein kleiner Bruder mit zum Milchholen. Weil wir dann beide Kannen brauchten. Die große emaillierte ohne Deckel (die Deckel waren immer weg) reichte nicht. Unterwegs – und deshalb erzähl ich's – begann ich die dreiviertelvolle mittelschwere Kanne zu schwenken, mit Überschlag. Die Kunst bestand darin, es so zu tun, dass nichts raustropfte. Mein erstes Experiment auf der Suche nach dem Gesetz der Fliehkraft (noch so ein Wort, das ich nicht kannte und das bei uns auch nicht gebräuchlich war). Was für ein Vergnügen, auf dem Rückweg vom Bauern Böhner mit solchem Überschwang samt Überschwenk zu rennen!

Aber eigentlich machte ich das nur wegen meines Bruders. Der hatte die kleine, ebenfalls dreiviertelvolle Kanne. Und die war sowieso erheblich leichter, schon weil sie aus Blech war. Und prompt versuchte er sie auch zu schwenken. »Du musst schneller laufen dabei, hier, so!«, rief ich ihm zu. Und: »Mach doller!« Er lief immer doller und schwenkte seine Kanne wie verrückt, versuchte den Überschwang und ließ sie dann prompt über seinem Kopf kreisen: »Hier, schau mal!«, rief er, und – schwapp! – entlud sich der ganze Inhalt über ihm. »Alles Gute kommt von oben!«, so wahrscheinlich mein Kommentar. Die Fliehkraft, sprich Zentrifugalkraft, war dem Sturzbach gewichen.

Das gab dann ein mehrteiliges Nachspiel, aus dem man heute noch ein Theaterstück machen könnte. Das »Theater« meiner Mutter und unseres Mädchens, es hieß Erna, begann mit einem Seufzer, dass wir jetzt zu wenig Milch hätten. Und endete mit einem »Schauer«. So nannte man eine Tracht Prügel: ein Schauer Schläge. Mein begossener Bruder kam gar nicht zu Wort. Ich sagte nur: »Er ist eben blöd.« Sofort fiel der Verdacht auf mich: Ob wir wieder geschwenkt hätten? Ich sagte nichts mehr. Die Alukanne wurde einer Inspektion unterzogen und die Ausrede, wir hätten leider die zweite zu füllen vergessen, fiel aus. Das zweite »Schauer« galt dann mir. Dafür musste ich mich auch noch entschuldigen. Aber das wirkliche, klammheimliche Vergnügen, den blöden Bruder verarscht zu haben, überwog, offen gesagt. Und die Versuchung, es trotz schärfster Ermahnung wieder zu tun.

Heute steht die über die Jahrzehnte gerettete Alukanne auf der Terrasse und ist gefüllt mit langstieligen Bartnelken aus einem Bauerngarten in Wickerstedt. Auf so eine Idee wäre seinerzeit aus meiner Familie niemand gekommen. Später pflanzte man ja auch Blumen in ausgediente *Miele*-Holzwaschmaschinen, noch vom Böttcher, mit Eisenringen und Eisenfüßen, auf denen *Buderus* stand, um sie auf der Wiese oder dem Hinterhof zu arrangieren. Das hat mich, 1968 20 Jahre alt, immer gestört: wie entsetzlich piefig! Wer schon den *Spiegel* las, in einer »Philosophenstübchen« genannten Kneipe ein- und ausging und wessen Freund bei den Jusos war, während man selbst bei der Jungen Union immerzu gegen die Alten wetterte, konnte diese Vorgärtchen-Idylle unmöglich gutheißen. Sie war Ausweis alles Dörflich-Rückständigen. Die Oma sagte es immer so: »Wir sind dürpsch!« Sollte nicht ohne diesen kleinen Stolz in der Stimme heißen: Wir sind eigentlich vom Dorf! Um diese meist mit Geranien oder Fleißigen Lieschen dekorierten Waschzuber also drehte sich manche intellektuelle Auseinandersetzung dieser erst ganz viel später sehr zu Unrecht »Adenauer-Zeit« gescholtenen Epoche, noch heute insofern kopfschüttelnd kommentiert. Aber unsere Milchkanne mit diesen langstieligen Goldlackblumen hat es mir angetan. Liebevoll streichelt sie mein Blick. Und die für Sekunden aufblitzende Alt-68er Erwägung, ob dies eigentlich nicht doch Kitsch sei, wird sofort gegenüber dem inneren intellektualistischen Schweinehund niedergemacht. Apropos: Meinen Bruder erinnere ich an die Geschichte lieber nicht.

– **Hoffmeister,** *Hans: von 1991 bis 2013 Chefredakteur der Thüringischen Landeszeitung (TLZ) in Weimar*